世界地図を読み直す

協力と均衡の地政学

北岡伸一

新潮選書

はじめに――日本の立脚点を定める

最初、この本の書名を『政治学者の世界地図』としようとして、やめにした。私自身、政治学者と自称することにためらいを覚えたからである。現在の政治学は、急速に専門化、細分化、理論化が進んでいる。現在、大学で政治学を教えている人で、自分は政治学者であると自信を持って言える学者が、どれほどいるだろうか。

専門化、細分化、理論化の結果、政治学はどんどん全体性を失いつつある。アメリカ政治学の動向には興味はあるし、レフェリー・ジャーナルに学術論文を投稿することには熱心だが、日本政治には関心がない、という政治学者が増えている。要するに、学問としてのレレヴァンス（妥当性、有用性、有効性）が失われつつあるのである。

分野を国際政治学に限って見ると、常に国際政治の現実にテストされるので、政治学よりはましだが、専門化、理論化、細分化が進んでいるのは同様であって、近年の激しい国際政治の動きをとらえているとは言い難い。

このような学問の全体性の喪失と、レレヴァンスの喪失の時代にあって、一つの手がかりは歴史であり、地理である。つまり時空を縦横に比較して考えることである。

荻生徂徠《おぎゅうそらい》は述べている。「学問は飛耳長目《ひじちょうもく》の道と荀子《じゅんし》も申し候。この国にいて見ぬ異国のことをも承り候は、耳に翼出来て飛び行き候ごとく、今の世に生まれて数千載の昔の事を今目に見る如く存じ候ことは長き目なりと申すことに候。されば見聞広く事実に行き渡り候を学問と申すことに候ゆえ、学問は歴史に極まり候ことに候」(『徂徠先生答問書』)

要するに、事実に即して広く世界を見渡すことが学問であって、したがって歴史が学問のエッセンスだというのである。「異国のこと」とあるから、地理もそこに加えてよいだろう。徂徠の言葉を、われわれは、全体性とレレヴァンスの喪失という現在の学問に対する厳しい警告だと受け止めるべきだろう。

ついに平成という時代の終わりを迎えた。

平成の三〇年は停滞の三〇年だった。かつて世界のGDP(名目)の一七・七%(一九九四、IMF)を占めた日本は、今や六・一%(二〇一七、IMF)を占めるに過ぎなくなった。日本のプレゼンスは、GDPで見る限り、三分の一となってしまったのである。

安全保障政策においては、国家安全保障戦略の制定(二〇一三)、国家安全保障局の創設(二〇一四)、安全保障関連法の制定(二〇一五)、新しい防衛大綱の制定(二〇一〇、二〇一三、二〇一八)などがあって、一定の前進があったが、中国の軍拡、北朝鮮の核とミサイルの増強などは、はるかに日本を上回るペースで進んでおり、日本の安全保障環境は悪化している。

外交においても、北朝鮮との関係では、核・ミサイル問題にも、拉致問題にも展望が見えず、韓国との関係は慰安婦問題・徴用工問題によって著しくこじれ、ロシアとの北方領土問題においては、かつての日本側の主張である四島返還どころか、小さな二島の返還すら難しくなっている。アメリカとの関係は表面的には強固だが、容赦ない取引で知られるトランプ大統領の政策は、貿易においても対中国政策においても、対北朝鮮政策においても予測困難である。中国との関係は、やや改善しつつあるが、それも米中対立の影響で中国が戦術的な対日接近をしているだけで、確実なものではない。

それでも日本は世界第三の経済力であり、世界の多くの事柄に影響力を行使しうるグローバル・パワーである。

これ以上の衰退を押しとどめ、再生への道を探るのは、何よりも経済の分野の課題であるが、外交においても、日本が世界の中のどこにいるのか、もう一度確かめることが必要ではないだろうか。

この本は、過去数年間、私が訪れた国々について書いた短い文章を編んだものである。二〇一五年一〇月以来、ＪＩＣＡ（国際協力機構）の理事長として出張した国は五〇カ国にのぼるが、それ以前に訪問した国も多く、これまで訪問した国の総数は、一〇八カ国に達している。そのかなりの部分は、大学教授として、日本に関する講演やシンポジウムに招かれたものである。

その際に、訪問した国の人々が、その歴史的地理的条件の中でいかに努力しているか、そして日本をどのように見ているか、いつも考えていた。したがって、多くの文章は、世界の国々についての分析であると同時に、彼らと日本との関係についての考察であり、その意味で二一世紀の日本にとっての世界地図である。

ただ、通常の世界地図と違うのは、アメリカ、中国、韓国など、日本外交を論じるとき、真っ先に取り上げられる国々について、間接的にしか触れていない事である。

それには理由がある。

これまで、日本外交は、日米関係、日中関係、日韓関係、日露関係など、二国関係で論じられることが多かった。これらは、いずれも重要であるが、日本外交は二国間関係にいささか偏っていたのではないだろうか。二国間関係は、主として利害の調整である。お互いの主張を、どこまで飲み、飲ませるかの計算である。しかし、マルチ外交や世界を相手にした外交では、日本の立脚点を定めることがまず必要である。日本はどこに立っているのか、何を目指すのか。それがあっての二国間関係ではないだろうか。それが欠けていたことが、今日の日本外交の行き詰まりの背景にあるように思われてならない。

つまり、馴染み深い近隣の諸国から少し距離を置き、やや遠くから日本を眺めるとき、どういうことが言えるのか、そこから日本の立脚点を考察してみようというのが、この本の狙いである。

世界地図を読み直す　協力と均衡の地政学　目次

世界地図を読み直す　協力と均衡の地政学

本文に登場する人物の肩書きなどは、原則として
初出時のものである（初出は二五二頁に記載した）。

序章　自由で開かれたインド太平洋構想——日本の生命線

「自由で開かれたインド太平洋戦略」という言葉は、安倍晋三首相が二〇一六年八月、ケニアで開かれた第六回アフリカ開発会議（TICAD VI）で初めて使ったものである。今では、アメリカもこれを主張するようになっている。それゆえ、これを米中対立の一環と捉え、また、中国の「一帯一路」に対抗するものと捉えている人が多い。私はそうでないということを、述べたいと思う。

「戦略」というよりも「構想」

第一に、「自由で開かれたインド太平洋」というのは、「戦略」ではない。戦略とは、より上位の目的を実現するための方法であり、政策の体系である。「自由で開かれたインド太平洋」というのは、むしろ、多くの政策の上位にくる目的ないしヴィジョンである。最近、政府は自由で開かれたインド太平洋「構想」と言い換えるようになったが、これは戦略に付随する軍事的意味合いを払拭するためだと言う人がいる。だが、元来、構想の方が正しいと私は考える。

日本の生存と発展のために、自由で開かれたインド太平洋は絶対に必要である。中国やロシアやアメリカなら、インド太平洋が自由でなくても開かれていなくても、なんとか生存はできるだろう。英仏独にとっても同様である。しかし、日本にとっては死活的に重要な課題である。

日本にとって太平洋がいかに重要であるかは、あらためて言うまでもないだろう。それを巡って日本はアメリカと戦い、敗れ、戦後はアメリカと結ぶことによって、太平洋における自由を確保した。

インドから中東に至る海路も、明治以来、重要なルートだった。日本の商船や商社がインド、パキスタンに進出したのは、相当に古い。日英同盟は、日本にとって開かれたインド洋を確保する手段でもあった。戦後、インド洋の自由は、やはりアメリカの圧倒的な力で維持できるようになった。

日本にとって死活的に重要な中東からの原油の供給に不安が生じたのは、一九七三年の石油危機においてであった。それは比較的短期に収束したが、日本は以後、中東問題を外交の主要課題の一つとして意識せざるをえなくなった。その後、イラン革命（一九七八〜七九）、イラン・イラク戦争（一九八〇〜八八）において、日本は石油権益の放棄や在留邦人の引き揚げなどにおいて、大きな影響を受けたが、これらの問題の解決のために何が出来るかについては、イラン・イラク戦争当時、掃海艇派遣が検討された以外には、大きな争点とはならなかった（中曽根康弘首相が意欲を示したが、後藤田正晴官房長官が強く反対して実現しなかったといわれる）。

「自由で開かれたインド太平洋構想」と「一帯一路」

しかし、一九九〇〜九一年の湾岸危機・戦争においては、日本は秩序回復のためにいかなる貢献をすべきか、できるかについて、激しい議論がなされた。結局、日本は一三〇億ドルという巨額の資金を負担したものの、国際社会からは、あまり評価されなかった。そして戦闘が終わった一九九一年四月二六日になって掃海艇を派遣したが、そのことの方が、むしろ評価された。

その一〇年後の二〇〇一年九月、アメリカで同時多発テロが勃発し、アメリカがアフガニスタンのアルカイダ攻撃に踏み切ると、テロ対策特別措置法を制定し、米軍などに対するインド洋における給油などの支援活動を開始した（二〇一〇年まで続いた）。さらに二〇〇三年、アメリカがイラク攻撃を開始すると、日本はアメリカとの連帯のため、イラクの復興支援を目的として、自衛隊をイラクに派遣するに至った。

またソマリア沖で海賊の活動が活発化すると、これに対処するため、二〇〇九年から海上自衛隊の艦船を派遣し、ジブチに基地を持つようになった。事実として、中東からインド洋に至る海洋の安定のため、日本は徐々に活動を広げていたのである。

インドの台頭

この間、インド洋地域において生じていた重要な変化は、インドの覚醒である。冷戦当時は基本的に社会主義であり、開放的でなかったインドが、経済の自由化を始めたことである。ただ、インドの核実験実施とそれに対する日本の制裁によって、日印関係の強化はすぐには進まなかった。森喜朗内閣によって、日印21世紀賢人委員会（Japan-India Eminent Persons' Group）が開かれたのは二〇〇一年のことであって、私はそれに参加することができたが、両国における期待の大きさと、現実とのギャップの大きさが印象的であった。

二〇〇五年には、日本はインド、ブラジル、ドイツとともに、国連安全保障理事会の改革を目指し、激しい運動を展開した。常任理事国の増加を含む決議案の提出（五月）まで進んだが、八月、運動は挫折した。この運動の中で、注目すべき変化の一つは、アメリカが、新しい常任理事国としては日本しか認めないという従来の立場から、インドも認めて良いという立場に変化したことだった。

その頃から、日本、インド、アメリカ、ときにオーストラリアを加えたシンポジウムや研究会が増えた。二つの海洋の連結性を強調する論文も増えた。

二〇〇八年、G20サミットが設立されたとき、それは、従来のG7（主要国首脳会議）にEU（欧州連合）が加わり、さらに新たに一二の国がメンバーとなったが、その中に、インドネシア、オーストラリア、インド、南アフリカというインド洋を囲む国が四カ国も入っていた。さらに、サウジアラビアもすぐ近くである（他の七カ国は、ロシア、中国、韓国、ブラジル、アルゼンチン、メキシコ、トルコ）。これは、世界におけるインド洋の重要性を示す事実であった。

中国の脅威

他方で、自由で開かれたインド太平洋に対する脅威も登場した。中国である。中国の人民解放軍の海軍高官が、太平洋は十分広いので、東はアメリカ、西は中国が責任を持てばよいという発言をしたのは、二〇〇七年五月のことであった。

さらに、中国は南シナ海において、フィリピン、ベトナム、マレーシアなどと領土紛争があるにもかかわらず、九段線を主張し、多くの島で埋め立てと軍事基地の建設を進めた。

これに対しフィリピンは二〇一三年、仲裁裁判所に九段線の無効確認を訴えたが、中国は裁判に参加することを拒否した。そして二〇一六年、裁判所がフィリピンの訴えを認め、中国の九段線の主張には根拠がないと判断すると、中国は、判決は紙切れだと言い、これを無視したのみならず、中国に同調するよう周辺国に圧力をかけた。中国を恐れた国々は、この判決に言及することを控えることが多かった。

法というものは、力によって支えられなければ無力である。中国に対してそうした力を示しうるのはアメリカだけだった。しかしアメリカは、ただちに反論しなかった。中国の海軍高官の発言に対し、太平洋は公海であって、その自由は法によって保障されるものであり、アメリカを含め、特定の国が特別の責任や権利を持つべきものではないと、ただちに明言すべきだった。南シナ海の埋め立てにおいても、ただちに抗議、批判すべきだった。ある国の問題ある行動に対し、沈黙することは、黙認を意味する。バラク・オバマ政権は、アジア回帰を主張したが、実態は伴っていなかった。

「一帯一路」の登場

中国はさらに周辺地域へのインフラ建設を通じた勢力拡大を進めるようになり、これを「一帯一路」という名で呼ぶようになった。この構想は、習近平国家主席が二〇一三年秋から提唱し始めたもので、二〇一四年一一月、北京で開かれたAPEC（アジア太平洋経済協力）首脳会議においても表明された。このうち一帯は中国西部から中央アジアを経由してヨーロッパに至る「シルクロード経済ベルト」、一路は東南アジア、スリランカ、アラビア半島沿岸部からアフリカ東岸を結ぶ「21世紀海上シルクロード」を指し、インフラ整備、貿易促進、資金投資を促進する巨大な計画である。

世界の各地でインフラ需要が旺盛であることは確かである。しかし一帯一路は、巨大なヴィジョンというよりは、中国の政治的影響力拡大の意図と、中国企業の投資意欲と、中国金融機関の投融資意欲と、鉄などの過剰な製品を抱えた中国企業の輸出意欲や資源確保意欲とがまじりあったものである。われわれはこれを過大評価することも、過小評価することもなく、個々のプロジェクトに即して冷静に考えるべきである。

他方で、日本で安倍内閣が「質の高いインフラパートナーシップ」を打ち出したのは、二〇一五年五月のことであった。日本はODA（政府開発援助）による東南アジアにおけるインフラ整備には長い実績があり、これをADB（アジア開発銀行）と連携してさらに進めようとするものであった。質の高いインフラとは、一見値段が高いが、使いやすく、長持ちし、環境に優しく、災害の備えにもなって、長期的には安上がりであるとして、世界とくにアジアで宣伝を始めた。

日中のインフラ受注合戦

その頃、大きな関心を集めていたのは、インドネシアのジャカルタ―バンドン間の新幹線建設計画だった。日本と中国が受注をめぐって激しく争い、二〇一五年夏、中国がこれを受注することに成功したことに、日本の多くの関係者はショックを受けた。

私はまだＪＩＣＡ（国際協力機構）の理事長ではなかったが、この新幹線計画をやや冷ややかな目で見ていた。新幹線がもっとも効果的なのは五〇〇キロあまりの距離で、豊かな人が大勢住んでいるところである。この点で、四〇〇〇万人が住む東京―名古屋―大阪ほど適したところは、世界にも例がないのである。これに近いのは中国のいくつかの区間であろう。それより短ければ建設・運営コストに比して、時間短縮効果が小さい。それより長ければ飛行機に敵わない。ジャカルタからバンドンまでは一七〇キロほどであって、新幹線には短すぎるのである。

その後、私は二〇一五年一〇月からＪＩＣＡの理事長になったが、やはりインフラが大きな課題だった。

インドにおけるムンバイ—アーメダバード間（約五〇〇キロ）の新幹線を日本が受注することが決まったのは二〇一五年一二月のことだった。総事業費は約一兆八〇〇〇億円と見込まれ、うち八割を日本が円借款で供与し、その融資の金利は〇・一％、返済期間は五〇年で一五年据え置き、という破格のものである。

また、マレーシアのクアラルンプールとシンガポールを結ぶ新幹線をめぐっても、やはり日中が争い、中国の優位と見られたのを、日本が巻き返そうとしていた。タイでもやはり新幹線の建設をめぐって、日中の競争がみられた。

ここで整理をしておくと、日本の企業が持つインフラ建設技術は、ハイスペック（高精度、高機能）であって、現地の必要性を上回り、その結果、価格が高くなる傾向がある。また、OECD（経済協力開発機構）のDAC（Development Assistance Committee＝開発援助委員会）のルールにより、極めて譲許性の高い融資条件（低利、長期）である場合を除き、原則として日本の融資はuntied（紐なし）でなければならない。つまり日本が融資しても、事業の受注者については国際競争入札で選定されなければならず、日本の借款によって中国の企業が受注して、現地から感謝されるということがありうるのである。また、国際的な基準に則り環境社会配慮にも十分な注意が求められる。その結果、環境・社会面への影響確認などに時間がかかり、事業費も上昇することが多い。

他方で中国の場合、OECDのメンバーではないので、紐付きの借款が可能であり、自国の企業に受注させることに何の問題もない。環境や社会への影響についても、十分な配慮がなされているとは言えず、その分、期間を短縮し、価格の上昇も抑えられる（ただし、最近では環境社会配慮に関するガイドラインの整備を始めているようである）。現実には、中国国内では土地収用の苦労などほとんどないが、外国では用地取得は簡単ではなく、中国も苦労しており、ジャカルタ―バンドンの高速鉄道も用地取得が進まず工事が遅れている。

中国の一帯一路構想は、すでに述べたとおり、周辺国におけるインフラ建設プロジェクトの集積である。それがしかも中国の影響力拡大と結びついている。

スリランカのハンバントタ港における借款など、資金を貸し付けて建設し、返済ができないと、その代わりに港の運営権を九九年獲得することとなった。これはかつて一九世紀から二〇世紀にかけて欧米列強や日本が中国に対して展開した帝国主義外交を思い出させるものであった。しかしこれには地元から反対が起こり、中国は譲歩して、会社を二つにわけ、排他性を弱めることで対応した。

中国の借款の利率は、いろいろなケースがあるので一概に言えないが、スリランカ向けのプロジェクト融資に関し、インドの戦略研究家ブレーマ・チェラニー氏は中国の『環球時報』に対して「日本によるプロジェクトの金利は〇・五%に過ぎないのに、中国は六・三%」と答えている。

ともあれ日本としては、日本の製品や技術や規格を使わせたいならば、受け取り国にとって有利な低利借款を用意することとなる。それでも、民主主義の副作用とでもいうべきだろうか、首相や大統領が、現実的な工期を無視して、ぜひとも自分の任期中に仕上げてほしいというケースが多い。その結果、質の低いものを選択した場合は、あとで出来の悪いインフラや、累積債務に苦しむことがある。ただ、中国の技術もどんどん向上していることは確かである。

JICAの「インフラ四原則」

二〇一六年になって、私はJICAの中で、インフラ四原則を定めた。それは第一に、そのプロジェクトがその国の発展に役立つこと、その国と日本との関係強化に役立つこと、第三に、日本の経済や企業にとって利益があること、第四に、JICAの財務に過大な負担とならないこと、の四つである。この四つを、この順番で重視するよう指示した。

これによって見れば、前述の四つの高速鉄道事業に関しては、課題となりうる点があるように思われた。しかしJICAは独立行政法人であるので、最終的には政府の判断に従うことになる。

二〇一七年には、JICAが協力してきたカンボジアのシアヌークビル港の株式が一部公開されることになった。株式公開は一部であるとは言え、将来、さらに拡大されることになる。この時、中国が港湾の運営権に関心を示しているとの情報があり、仮に中国が運営権を握れば、将来的に排他的な運営となる可能性もあったであろう。同港の企業価値向上に貢献することは、カンボジア及びメコン地域の経済活性化と連結性向上に資するということで、JICAは海外投融資による出資に踏み切った（六月）。それにより、日本が有する港湾運営の知見が今後の運営に活かされることになるというメリットもあった。

安倍首相は同じ二〇一七年六月の国際交流会議「アジアの未来」晩餐会スピーチで、一帯一路に含まれる個々のプロジェクトに対して日本が協力するための四条件を提示した。すなわち、そのインフラが万人に利用できるよう開かれること、透明で公正な調達によって整備されること、プロジェクトに経済性があること、相手国の債務が返済可能で財政の健全性が損なわれないこと、である。私がＪＩＣＡ内部で指示した原則もこれに整合的であり、好ましいものだと思った。たまたまその時、中国の程永華大使の隣に座っていたのだが、彼も好意的な反応だった。中国も文明大国を自称しているのだから、反対する理由はないはずである。

二〇一七年九月、国連総会に参加するため、ニューヨークに行った私は、あるアメリカ政府高官と会った。先方から会いたいと言ってきたのだが、秋に予定されていたドナルド・トランプ大統領の日本を含むアジア訪問の準備だったと思う。その時中国の借款のあり方に触れ、ハンバントタ港の話をしたら、彼は全く知らなかった。それどころか、ＯＥＣＤの untied（紐なし）ルールや、環境社会配慮についても何も知らず、中国はそのいずれにも拘束されず、はなはだ有利な位置にあるということも、知らなかった。私の説明を聞いて、それは大変だと彼は言い、中国もメンバーであるＧ20で、中国を含んだ途上国援助の原則を定めたらどうかという私の提案にも賛成してくれた。

対決色を強めるアメリカ

二〇一七年一二月、アメリカは新しい国家安全保障戦略を定め、中国に対する厳しい政策を打ち出した。

中国の途上国援助のやり方についても、アメリカは新帝国主義という言葉を使って批判しはじめた。私以外にも同様の説得をした人がいたに違いないが、レックス・ティラーソン国務長官（当時）は、二〇一八年二月一日、中南米訪問を前にテキサスの大学で講演し、「中南米は、自国民の利益だけを追求する帝国主義的な大国を必要としていない」として、中国を批判した。

マイク・ポンペオ国務長官は七月三〇日、全米商工会議所主催のインド太平洋ビジネスフォーラムで演説し、自由で開かれたインド太平洋の重要性を強調し、そのため三分野での資金イニシアティブを発表した。

一〇月三日、アメリカ議会はUnited States International Development Finance Corporation（USIDFC）の設立を定める法律を可決した。これまで低迷してきた「海外民間投資公社（OPIC）」を改組し、開かれたインド太平洋のために巨額の投融資を行うという方向を定めている。七月のポンペオ演説では一億ドル強という少額のコミットしかしていなかったが、USIDFCについては数百億ドルという金額が言われている。

その翌日には、有名なマイク・ペンス副大統領の演説が行われている。そこでペンスは、従来の中国に対するエンゲイジメント政策は誤りだったと総括し、厳しい全面的な対決政策を打ち出した。第二の冷戦だとして世界を驚かせたものである。

一二月には、アメリカの中国批判はアフリカにまで及んだ。大統領補佐官（国家安全保障問題担当）のジョン・ボルトンは、中国が過剰な融資によってザンビアとジブチを苦境に追い込んでいると批判した。

このような、近年におけるトランプ政権による急激な中国批判は、ジョージ・ケナンの有名な言葉、すなわち、民主主義は平和を愛するが、戦うときは徹底的に戦う（Democracy is peace-loving, but fights in anger.）という言葉を思い出させる。反応は遅かったが、対決色は厳しい。

二〇一八年一〇月の安倍首相の訪中とそこで示された協力姿勢は、二〇一七年六月の安倍原則（二八頁）に沿うものだったが、このような米中の厳しい対立の文脈においては、日本は中国に接近すべきではないという人がいる。

しかし、同盟国ではあっても、日本とアメリカの利害が一致しないことはしばしばある。アメリカの中国に対する厳しい批判は、副大統領や国務長官や補佐官によるものであって、トランプ大統領自身によるものは少ない。トランプ大統領は取引の人である。利益のために突然、中国と手を握ることもありえないことではない。日本はそうした可能性にも備えておかなくてはならない。

中国は日本の隣国である。その膨張を牽制するために、アメリカとの協力は絶対に必要である。しかし、無用の衝突は避ける方が望ましい。一帯一路に対する条件付き協力は、具体的な条件によるけれども、望ましいものである。そして中国の一帯一路の危険な部分を無害化し、中国が開かれたインド太平洋構想を支持する方向に誘導すべきである。

信頼関係、自由、法の支配を

自由で開かれたインド太平洋構想を支える政策には、いくつか興味深いものがある。

たとえば、海上保安分野における協力である。ＪＩＣＡはインドネシア、マレーシア、フィリピン、ベトナム、インドネシアなどの海上保安組織の職員を日本に招き、半分を東京の政策研究大学院大学、残りを広島県呉市の海上保安大学校で学ばせている。

フィリピンは約七五〇〇、インドネシアは約一万三〇〇〇の島からなりたっている。コースト・ガードなしに、密輸を取り締まることも海賊をとらえることも難しい。こうした国々の主権を盛り立てることが、同時に、中国の膨張に対する抑止力にもなる。

インフラ建設も、そうした友好国の発展を支えるためのものであるべきであり（私の第一原則）、必ずしも日本企業による受注にこだわることなく、協力すべきことがあると考える。

日本の援助は、長年、西洋諸国と異なるアプローチで知られている。それは、上から目線で援助するというのでなく、相手の立場にたって、何が途上国の利益になるか一緒に考え、実行しているという視線である。ＪＩＣＡは、国際協力機構との名称が象徴的に示している通り、援助や支援（aid あるいは assistance）よりも、協力（cooperation）との姿勢を重視してきた。

このアプローチの根底にあるのは相互信頼である。私が二〇一七年七月、「信頼で世界をつなぐ」という言葉をＪＩＣＡのヴィジョンとして選んだのは、この歴史、伝統を忘れないようにしたいと考えたからであった。

自由で開かれたインド太平洋構想の弱点は、この地域における非民主主義的な国々との関係である。たとえばカンボジアは、先の総選挙の前に、政権は野党を解散させ、有力メディアを廃刊に追い込んだ。日本は、国民の意思を適切に反映した形で選挙が行われるよう、必要な支援や働きかけを行ってきたが、カンボジアに対する批判や、援助を削減することはしなかった。この問題で厳しくカンボジアを批判すれば、同国は一層中国寄りになる可能性が高かった。また、批判しないことによって日本に対する信頼が傷つく可能性もあったが、批判することによってカンボジア国民の親日感情が傷つく可能性もあった。総合的判断として、協力はほぼ継続し、長期的な変化を待つことにした。

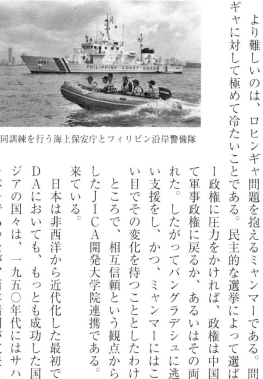

より難しいのは、ロヒンギャ問題を抱えるミャンマーである。問題は、国民の大多数がロヒンギャに対して極めて冷たいことである。民主的な選挙によって選ばれたアウン・サン・スー・チー政権に圧力をかければ、政権は中国寄りになり、あるいは崩壊して軍事政権に戻るか、あるいはその両方となる可能性が高いと思われた。したがってバングラデシュに逃れたロヒンギャ避難民に手厚い支援をし、かつ、ミャンマーにはこれまで通りの協力を続け、長い目でその変化を待つこととしたわけである。

合同訓練を行う海上保安庁とフィリピン沿岸警備隊

ところで、相互信頼という観点からして興味深いのは、最近開始したJICA開発大学院連携である。これは、次のような考えから来ている。

日本は非西洋から近代化した最初で最高の成功例である。またODAにおいても、もっとも成功した国である。日本が協力した東アジアの国々は、一九五〇年代にはサハラ以南のアフリカと同じ経済レベルであったが、西洋諸国が支援したアフリカ諸国に比べ、著しく発展した。したがって、日本こそ開発学の本場であるべきである。途上国の若者には、ぜひ日本に来て日本の近代化や開発協力の経験を学んでほしい。そのために、これまで開発途上国からの留学生受け入れに熱心な大学を中心に、従来の法律学、政治学、経済学、農学、防災などのコースに、日本の近代化経験を織り込んだ英語のコースを組んでもらい（主として二年間の修士課程）、多くの途上国の若者を受け入れようというものである。現在二〇大学程度の賛成を得て、明治維新一五〇年を記念して、二〇一八年に発足した。これはまだまだ拡大、強化しなければならない。

現在、優れた若者を招く世界的な競争が起こっている。中国も当然、留学生招致に力を入れている。しかし、中国では学べないことがある。それは自由と民主主義であり、法の支配である。そういうものを、われわれは途上国の若者に学んでほしい。学ばれるに足るだけ、われわれの社会もよりよくしなければならない。それが、日本の広義の安全保障となり、国益となる。自由で開かれたインド太平洋構想の中心は、その意味で、インフラのみならず、信頼関係の構築であり、人づくりであり、自由と法の支配だと考える。

第一章　ロシアとその隣国たち——独立心と思慮深さを学ぶ

ロシアは難しい国である。徳川日本が最初に出会った外国はロシアだった。明治に入ってから、征韓論にしても、日清戦争にしても、常に将来のロシアとの対立に備えなければならないという考えが背景にあった。日本は日露戦争に勝利したのち、日露協約を締結したが、ロシア革命が起こるとシベリア出兵をして、また対立の時代に入った。大正末期からは、国交は正常化したが、依然として潜在的な敵国と考えられた。一時、日ソ中立条約を結ぶこともあったが、結局、一九四五年八月、ソ連は日本と満州国に侵入し、三度目の戦争となってしまった。冷戦がおわり、ソ連が解体してロシア連邦となって、少し緊張は緩和したが、それでも難しい関係は続いている。

こうした難しい隣国との関係に悩んだのは日本だけではない。ロシアおよびソ連の隣国は、みな、苦しんできた。そのうち、ジョージア、アルメニア、ウクライナ、フィンランドなどの経験に学んでみることは、意味があるのではないだろうか。

日本は、これらの国々より、はるかに恵まれている。経済的規模はロシアよりはるかに大きく、人口は一割ほど少ないだけである。しかも海をはさんでいるので安全度は高い。日本がどうするのか、これらの国は強い関心をもって見ているのである。

1 「アイデンティティ」の大切さ――ジョージアとアルメニア

二〇一七年六月、コーカサスのジョージアとアルメニアを訪問した。コーカサスは文明の十字路と言われ、一度行ってみたかった（もう一つの国、アゼルバイジャンは、今回は行けなかった）。ジョージアではＪＩＣＡ（国際協力機構）の支所を開いたので、そのお披露目のレセプションに出席し、政府首脳と会い、いくつものプロジェクトを視察した。

古い歴史を持つジョージア

ジョージアは、以前はグルジアと言った。ただし本当の国名は「サカルトヴェロ」であって、グルジアもジョージアも他称である。ロシア風のグルジアは好まないというので、アメリカ風に変えたわけであるが、もともとの名前まで変えたわけではない。日本が英米でジャパンと呼ばれていて、それをジャポンやハポンにしても、日本という国名に変更はない、というようなものである。

ジョージアで有名なものの一つはワインである。ぶどうの皮を分離しないでかめに入れて作る、その意味で原始的な方法である。この製法によるワインはクヴェヴリ・ワインというが、彼らは、「われわれはこの土地で、この方法で、八〇〇〇年間ワインを作っている」と言う。たしかに、コーカサスはアフリカに次いで古い、一六〇万〜一八〇万年前の人骨がでている。そして数千年前の遺跡があり、八〇〇〇年前のワインについて考古学的な証拠があるらしい。

考古学を離れて歴史学でいうと、ジョージアらしい地域や民族は、古代ギリシャの神話の中に現れる。たとえば、ギリシャ神話において、プロメテウスは火を盗んだ罰として山につながれるが、それがコーカサスだった。たしかに、ジョージアは黒海の東岸にあって、古代ギリシャ世界の東の辺境にあったわけである。それから、別の神話では、聖書にノアの方舟の物語があるが、これがたどりついたのはアララト山ということになっていて、それはトルコとアルメニアの国境、トルコ側にあり、ジョージアからも遠くない。

下って、紀元前六世紀には、黒海の東海岸には、コルキス王国が成立していたと言われるが、そのコルキス人が、今日のジョージア人の源流の一つらしい。ギリシャ神話に出てくる王女メディア（ケルビーニのオペラでも知られる）は、このコルキスの出身ということになっている。

そしてその少しのち、コルキス王国の東には、イベリア王国が成立していた。大体のところ、この二つがあわさって、ジョージアとなったらしい。

紀元三三〇年、ジョージアはキリスト教を国教としている。これは、キリスト教の国教化としては、アルメニアに次いで世界で二番目に古いものである。

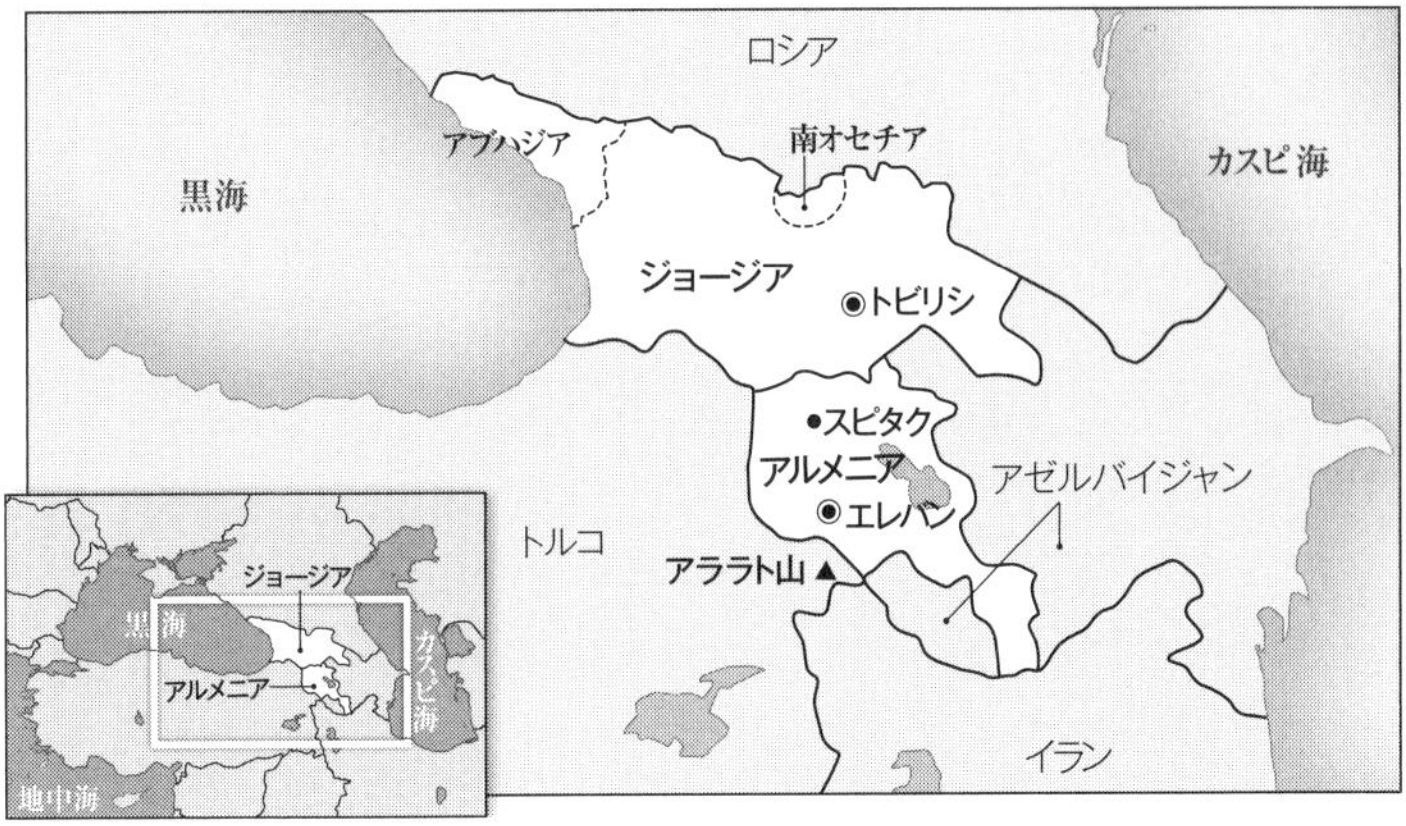

ジョージアとアルメニア

これほど古い歴史を持つ国が、ビザンチン、イスラム、モンゴルに侵略され、さらにトルコ、ロシア、イランという大国に挟まれて、現在まで続いているのはすごいことだと思う。彼らは何度も独立を失ったが、民族のアイデンティティは失わなかった。一九一八年、ロシア帝国が崩壊したとき、一時独立を宣したが、またソ連に併合され、一九九一年、ソ連崩壊とともに独立したのである。

南オセチア問題でロシアと衝突

彼らの民族のアイデンティティの根源は、宗教（ジョージア正教）、言語（ジョージア語。コーカサス語族に属するが、言葉も文字も独特で、他に似ている国がほとんどないらしい）、そしてワインだという。ワインの方はともかく、アイデンティティの強さはたしかで、名前も、……シヴィリ（かつてチョチョシヴィリという柔道チャンピオンがいた）、あるいは……ゼ（シェワルナゼのように）が断然多い。一目でジョージア人とわかるのである。ジョージア出身でもっとも有名な人物は、スターリンだろうが、これは「鋼鉄の人」という意味の筆名であり、元来の姓はジュガシヴィリである。

独立後にも、困難は続いた。初期のシェワルナゼ大統領は、ゴルバチョフ時代のソ連の開明的な外務大臣として知られているが、ジョージアの大統領としては、よい政治家だったとは思われていない。独立から数年の間に、GDP（国内総生産）は三分の一まで低下したという。

その次のサアカシヴィリ大統領の時代は、アメリカに接近してロシアとの対立が深まった。二〇〇五年、私が国連大使だったころ、ロシアがジョージアに対するガスの供給を止めて、ジョージアの外交官がパニックになっていたことを、覚えている。

そして、二〇〇八年には、アメリカの支援を過信して、ロシアと衝突し、南オセチアをロシアに占領されてしまった。南オセチアは、民族的にはロシア国内の北オセチアと関係性が強い。二〇〇八年、ロシアの占領とともに独立を宣言し、ロシア、ニカラグア、ベネズエラ、シリア、それからなぜか太平洋の島嶼《とうしょ》国ナウルが国家承認している。面積は約三九〇〇平方キロ、埼玉県よりやや広いくらいで、人口は約五万三〇〇〇人である。

国土の一八%を失う

ジョージアにはもう一つ、アブハジアの問題がある。アブハジアは、ジョージアの西北、黒海に面していて、ソ連時代は有名な保養地であった。約八六〇〇平方キロ、広島県よりやや広い。人口は二〇万人ほどである。これも、ロシアの影響の下にあり、ジョージアの支配は及んでいない。

ジョージアは、面積約七万平方キロで、日本の二割弱、人口は約三九八万人で、日本の三%の小国である。ジョージアが失っている南オセチアとアブハジアを合わせると一万二五〇〇平方キロで、ジョージアの国土の一八%近い（ちなみに、一九七二年以前には、沖縄は米軍の施政権下にあったが、その面積は日本本土の〇・六%であった。ジョージアが失っている土地の広さがわかるだろう）。人口で言うと、失われているのは二五万人ほど、全人口の六%ほどになる。南オセチアとアブハジアの問題は、そこからのがれてきたジョージア人は国内避難民となっていて、経済的にも負担になっていることだ。

ジョージアの優れたリーダーたち

しかし二〇一三年一〇月、ギオルギ・マルグヴェラシヴィリが大統領になってから、大きな変化が起こっている。大統領よりも首相が権力を握る制度に憲法改正が行われたのである。ロシアとの紛争で譲歩はできないが、それはそれとして、貿易と観光は伸ばしている。国全体としては、西側への接近を強め、二〇一四年にはEU（欧州連合）との連合協定を締結している。

クヴィリカシヴィリ首相とは、じっくり話す機会があった。トビリシで医学と経済学を学び、アメリカで経済学の修士号を取得し、国会議員を五年務め、その後、銀行経営などに参加。二〇一二年、政界にもどって経済・持続的発展相、外相、副首相を務め、二〇一五年、四八歳で首相となった。

クヴィリカシヴィリ首相は、私がこれまで会った多くの国の首脳の中でも、もっとも優れたリーダーの一人だと思う。ジョージアの置かれた位置を冷静に把握し、その中で何が可能かを考えぬき、速やかに実現している。世界銀行が毎年発表しているビジネス環境のランキングにおいて、世界六位である。ちなみに日本は三九位であって、歯がゆい限りである。

ジャネリゼ外務大臣は、クヴィリカシヴィリ首相の後任の外務大臣だが、まだ三〇代である。日本で一度、トビリシで三度も会えた。一度はジョージア料理のランチで、プロの簡潔な説明つきのワインテイスティングに始まって、有名なジョージアの男声合唱団が、素晴らしいバスのポリフォニーを聞かせてくれた。こう書くと、所詮、日本から援助を引き出すためのもてなしだろうと考える人がいるかもしれないが、そうではない。さほど贅沢なランチではないし、援助の額はだいたいきまっている。しかし、気配りの行き届いたもてなしに、自国の誇る文化をおりまぜ、フランクな会話が続いた。ジョージアのリーダーたちは、きわめてレベルの高い人たちだと感じ入った。

ジョージアでは、国全体が外を見ているし、日本のこともよく見ている。元来、レスリングや重量挙げの強い国であり、武道には関心が深い。ヨーロッパ出身者で最初に大相撲の関取になったのは、黒海である。現在も栃ノ心と臥牙丸《ががまる》の二人が、現役の関取である。

首都のトビリシには、かつて満州からソ連によって連れ去られた日本人がいたと言われており、亡くなった方々のための慰霊碑が建てられている。彼らは日本を良く知っているのである。ＪＩＣＡのオフィスを作ったことに対する歓迎も、さらなる支援を期待する以上の温かいものだった。

コーカサスの小国に、こうした親日国を見出すことは嬉しいことである。

地震国アルメニア

ジョージアの次に、アルメニアを訪問した。陸路、数時間のドライブである。

アルメニアは、面積約三万平方キロ、日本の八％、人口は三〇〇万人で、日本の二・五％の小国である。

アルメニアと日本をつなぐ絆は、地震である。一九八八年、スピタク市で激しい地震があった。スピタクの地震では、二万五〇〇〇人が亡くなった。これは国民の〇・八％であって、日本で〇・八％と言うと一〇〇万人に相当する。すさまじい被害だったのである。

そのときＪＩＣＡは国際緊急援助隊を派遣している。そして、防災分野の研修に、アルメニアの人々を招いている。その一人がたまたま二〇一一年に日本にいて、東日本大震災に遭遇した。アルメニアも援助隊を出すことを考えてくれたのみならず、スピタク市に犠牲者を追悼する慰霊碑を建ててくれた。私はスピタクの犠牲者の追悼とともに、東日本大震災の犠牲者の慰霊碑にも手を合わせることができた。

スピタク市にある東日本大震災の慰霊碑

このスピタク市には、アルメニアのトノヤン非常事態対応大臣が迎えに来てくれて、私のアルメニア滞在中、ほとんど同行してくれた。我々の支援の一つは、無償資金協力による首都エレバン市への消防車の贈与であった。消防車はなかなか大きくて目立って格好いい。子供たちの中で消防士はあこがれの仕事なんだと、トノヤン大臣は上機嫌だった。なかなか効果的な支援をしたものだと思う。

アイデンティティの核は「宗教」と「言語」

アルメニアはディアスポラ（民族の離散）で有名である。世界の中のアルメニア人は約一二〇〇万人である（これはユダヤ人の約八割である）。そのうち、国内にいるのは三〇〇万人弱で、ユダヤ人とともに世界でたくましく生き抜いていく民族の双璧である。軍人として知られ、商才があり、またキリスト教なのでユダヤ人ほど迫害されることはなく、方々で活躍している。たとえば、イランでは、アルメニア人コミュニティがあるが、彼らはヨーロッパのキリスト教国への出入りがイラン人よりも相対的に自由だったので、貿易で大いに活躍した。

アルメニアは、紀元三〇一年、世界で最初にキリスト教を国教にした国である。また、アルメニア語というのが、世界にほとんど仲間のない言葉である。この宗教と言語が、アルメニアのアイデンティティの核心である。世界の中のアルメニア人は、何世紀にもわたって、アルメニアの宗教と言語を保持し、再生産し続けている。海外の日本人移民は、三世くらいになると、もう日本語は十分ではないことが多い。

アルメニアの姓は、ジョージア以上に個性的である。ほぼ例外なく、……ヤンである。作曲家のハチャトリヤン、指揮者のカラヤン、ソ連の副首相だったミコヤン、アメリカで活躍したオルガニストのザムコヒヤンなどがいる。

文化では、ハチャトリヤンの音楽など、強烈で、一度聞いたら忘れられないものである。日本でもかなり見られたが、パラジャーノフの映画『火の馬』（一九六四）は、やはり強烈な色彩が忘れられない映画だった（例によって、パラジャーノフの本当の姓は、パラジャーニャンである）。

東隣のアゼルバイジャンとは紛争がある。西隣のトルコとも、長い対立の歴史がある。いわゆるオスマントルコ時代のアルメニア人虐殺問題を巡って、トルコとは激しく対立している。さらなる対立に備えて、GDPの四％を超える軍事費を費やしている。

アルメニアの首都エレバンとアララト山

アララト山は、アルメニア人の心のふるさとである。日本人にとっての富士山のようなものらしい。しかし現在、アララト山はトルコ国内にある。アルメニアの国章にアララト山の絵を載せたら、トルコが激しく抗議してきた。他国の山を国章にするなんてけしからぬということだったらしい。これに対してアルメニア（当時はソ連の一部だったので実際にはモスクワから）は、トルコの国旗には月と星が描かれているではないか、これはトルコの国外のものではないかと反論したという。

日本人のアイデンティティ

コーカサスの二つの国を訪れて痛感するのは、日本の幸運である。海に囲まれ、ほとんど外敵の侵入を受けることもなく、一億二六〇〇万の人口を持っている。ジョージアやアルメニアから見れば超大国である。しかし、かりに日本人が外敵に侵略され、あるいは離散することになったら、われわれはジョージアやアルメニアのようにたくましく、そのアイデンティティを保持して生きて行くことができるだろうか。

その核は、一つは日本語だろう。国際社会で生きて行くために、今程度の外国語能力では話にならないから、英語教育に力を入れるのは当然だが、日本語を十分大切にしているようにも思えない。

もう一つ、宗教に代わるものは皇室だろうか。しかし、日本国憲法のもとでの皇室のあり方については、これまでほとんど何も手が打たれていなかった。最近、天皇退位についての特例法が定められたのは、一つの進歩である。しかし、まだまだ不十分なことは誰でも知っている。皇位継承権を持つ五〇歳以下の男子は、現在、悠仁《ひさひと》親王たった一人である。

長期の展望の中で、日本人のアイデンティティを考える取り組みが必要である。その際、よき伝統を保持するためには、すべてをそのまま維持するのではなく、必要な改革をすることが不可欠である。ジョージアやアルメニアの実情を見て、大いに考えさせられた。

2　キエフで聴くオペラ『ナブッコ』――ウクライナ

二〇一七年六月、ウクライナを訪れた。

ウクライナは大国である。人口は約四五〇〇万人、ヨーロッパではロシア、ドイツ、イギリス、フランス、イタリア、スペインに次ぐ第七位である（第八位はポーランド）。面積では、約六〇万平方キロで日本の一・六倍、ロシアを除けばヨーロッパ最大である。国土のほとんどは肥沃な平原で、伝統的にヨーロッパの穀倉と言われてきた。

肥沃な文化大国

ウクライナは文化大国でもある。とくに際立っているのは音楽で、作曲家でプロコフィエフ、ピアニストでホロヴィッツにリヒテルという二〇世紀の二人の巨人がいずれもウクライナ出身である。私は昔、リヒテルがムソルグスキーの『展覧会の絵』を弾いたレコードを持っていた。一九五八年、ブルガリアのソフィアにおける演奏会を、オランダのフィリップスが実況録音したもので、幻の巨人リヒテル、ついにその姿を現す、という感じでセンセーショナルに報じられた。実際素晴らしい演奏で、その最後は、まことに堂々たる「キエフの大門」だった。

ヴァイオリニストでは、オイストラフ、ミルシュタイン、それにエルマン・トーンで一世を風靡したエルマンもウクライナ出身である。われわれがロシアの音楽家として知っている人々のおそらく半分は、実はウクライナ人である。さらに言えば、ウクライナのユダヤ人が多い。とくにオデッサはソ連でもっともユダヤ人が多い町として知られていたので、オデッサ生まれ、あるいはオデッサに滞在したユダヤ系ウクライナ人に、有名な人が多い。

また文学では、ゴーゴリに詩人のシェフチェンコがおり、バレエのニジンスキーもウクライナの出身である。

ウクライナはスポーツでも有力である。棒高跳びの「鳥人」ブブカはウクライナだし、二〇一六年、リオのオリンピックで内村航平を追い詰め、フェアな発言で話題になった体操のオレグ・ベルニャエフもウクライナ人である。

日本にもっとも馴染みの深い人は、横綱大鵬である。われわれは子供の頃、大鵬はロシア人の父と日本人の母の間に生まれたと聞いていたが、実際は、ロシア革命を逃れて亡命してきたウクライナ人のコサック将校だった。

困難な歴史

ウクライナの歴史は古い。九世紀後半、キエフを中心にキエフ・ルーシ公国（あるいは大公国、

ウクライナと周辺国

あるいはキエフ公国）という国が成立し、一三世紀にモンゴルに滅ぼされるまで続いた。最盛期にはヨーロッパ最大の版図を誇った。キエフ・ルーシ公国の後身がウクライナだとウクライナ人は言い、いやロシアだとロシア人は言う。いずれにせよ、キエフを中心に相当大きな国が九世紀後半に存在していたことは確かである。

その後、ウクライナはポーランドやリトアニア、オーストリア、ロシアなどの支配を受け、独立国家を作ることはできなかった。一九一七年、帝政ロシア崩壊とともにウクライナ人民共和国の樹立を宣言したが、やがてソ連の一部となった。一九四五年に国連ができたときは、ソ連の一部でありながら、ベラルーシとともに国連に加盟した。非常任理事国を務めたこともある。

ソ連はウクライナを重視した。肥沃な土地を農業生産基地として利用し、また、重工業化を推進した。この間、しかし、農業集団化政策の失敗により、一九三二年から三三年にかけての大飢饉で、三〇〇万から六〇〇万人が亡くなったと言われている（黒川祐次『物語　ウクライナの歴史』中公新書、二〇〇二年）。のちに述べるチェルノブイリなども、この重工業政策の結果の一つであった。

ウクライナはまた、第二次世界大戦では、ドイツとの激しい戦争の舞台となり、多数の犠牲を出した。人口の六分の一にあたる五三〇万人が戦死したといわれている（同右）。

第二次世界大戦のヨーロッパ戦線の悲劇を描いた映画の一つに、ソフィア・ローレン、マルチェロ・マストロヤンニ主演の『ひまわり』（一九七〇）がある。戦争の最中に行方不明になったイタリア人の夫を探し回る映画で、画面いっぱいに広がるひまわりが忘れられない映画だった。あの場面はウクライナで撮られたもので、ひまわりの下には、数え切れない犠牲者がいたのだろう。ロシア（ソ連）は攻め込まれたときに、国土の縦深性を利用して、敵を奥深く誘い込み、やがて反撃に転じることを得意とするが、その中で犠牲になった人もまた無数だった。ウクライナはしばしばその最前線としての役割を担わされたのである。

ウクライナのアイデンティティは、こうした困難な歴史の中から生まれている。ホロヴィッツやミルシュタインのように亡命した人はもちろん大変だったろうし、リヒテルのように国内にとどまった人も、厳しい目にあっていた。プロコフィエフは一度亡命し、そして帰国した人である。

ロシアとの緊張関係

さて、現在のウクライナは、伝統的な領土をすべて領土としている。つまりこれまでウクライナはポーランドやリトアニア、ロシアの支配下にあったので、彼らが領土と考えるところをおさめているのは、歴史上稀に見る事態である。

しかし、ソ連時代に進んだロシア化の影響は大きく、東部にはとくにロシア人や親ロシア派が多い。人口の八割はウクライナ人、二割がロシア人であるが、長くロシアに依存する経済だったから、ロシアの勢力は二割よりもかなり大きいと思われる。実際、これまでの大統領選挙は、いつも親露派対反露（親西欧）派が拮抗することになっている。

ウクライナの独立は一九九一年のことであった。これはいくつかの偶然によるところもあったが、ウクライナの独立はソ連にとって致命的だった。以後、ウクライナとロシアとの関係は微妙だったが、二〇〇四年には大統領選挙の混乱からオレンジ革命が起こり、親欧米のユシチェンコが大統領になった。

ロシアはこれを認めず、強硬策に転じた。二〇〇五年には天然ガス価格の大幅値上げを要求した。私はちょうど国連大使だったのだが、二〇〇六年四月、温厚なデニソフ大使にかわって、気性の激しいチュルキン大使が任命され（二〇一七年、現職のまま亡くなった）、厳しい締め付けが続いた。

それは私には意外ではなかった。かつて一九九八年ころ、「ソ連封じ込め」の冷戦政策で知られるジョージ・ケナンは、NATO（北大西洋条約機構）の東方拡大に反対だった。ロシアは常に周囲から圧迫されていると感じ、そのことに強く反発する国である。不用意な拡大はロシアの強い反発を招いて危険だという予測だった。

かつて独立国だったバルト三国などはともかく、ウクライナとベラルーシはロシアの中核的部分だとロシアは考えているので、これが独立し、反ロシアになったとき、ロシアはどう反応するだろうかと、私も懸念を持っていた。そしてロシアが復活するときは、かならず軍事大国として復活するであろう、なぜなら、それがロシアの歴史的アイデンティティだから、と考えていた。

かつて二〇〇〇年代後半、ジョージ・ブッシュ大統領時代に、ポーランドにミサイル防衛施設を配備する計画があった。これに対してロシアは激しく反発した。元来、ミサイル防衛は防衛用のものである。ロシアにポーランドを攻撃する意思がないなら、ミサイル防衛があってもなくても同じではないかと、われわれは考えるが、ロシア人はそうは考えないのである。純然たる防衛力であっても、ロシアの攻撃力を妨げるものを持つことは敵対的行為だと考えるのである。

依然として続く紛争

二〇一〇年の大統領選挙では、親露派のヤヌコーヴィチが勝利した。そして欧米と距離を置く政策を取り始めた。これに国民から反発が起こり、二〇一四年二月、キエフで反政府運動が高まり、大統領は辞職した。

これに対しロシアはクリミアに軍隊を派遣して、これを制圧した。三月、クリミアの親露系住民は「独立」を宣言し、ロシアへの編入を求め、ロシアのプーチン大統領はただちにこの「独立」を認め、編入をも承認した。なお、外国軍隊の駐留のもとに、ウクライナの多くの法律に違反して行われたこの一連の行動は、もちろん違法である。クリミアのみならず、東部のいくつもの州で、同様の「独立」運動やテロが起こっている。

二〇一四年五月の大統領選挙では、ポロシェンコ大統領が当選した。依然として東部では戦闘が続いている中で、九月には停戦に関するミンスク合意が定められた。さらに二〇一五年二月には第二次ミンスク合意が行われたが、依然、紛争は続いている。これまでの犠牲者だけで約一万人にのぼるという。ウクライナ政府の支配が及ばない地域がかなりある。

命懸けの経済改革

ウクライナは国内でも難しい問題をかかえている。とくに難しいのは経済改革である。ウクライナにはオリガルヒと呼ばれる勢力がある。かつてロシアにもあったが、旧社会主義国で体制変革が起こり、資本主義化が進んだときに登場する勢力で、メディアを支配し、金融機関を支配し、多くの企業を経営し、しばしば暴力組織とも結びついている。金融機関の実態を明らかにしなければ経済改革は不可能だし、この改革に手をつけると、改革者は生命の危険をおかすことになる。

JICAはウクライナの要請に応じて、日本銀行で国際局審議役などを務め、IMF（国際通貨基金）にも在籍経験のある田中克《まさる》氏をアドバイザーとして派遣している。この田中氏に会って、改革の難しさを詳しく聞かせていただいた。

ウクライナではチェルノブイリにも行った。一九八六年の原子炉事故は、世界を震撼させた。これに対する対応の遅さは、社会主義の隠蔽体質のせいだと、世界は批判した。しかし、二〇一一年の東京電力福島第一原子力発電所の事故の際、日本はチェルノブイリ以上の対応が取れていただろうか。日本はソ連の対応を批判したが、この事故から本当の意味では学んでいなかったのである。

この訪問ではポロシェンコ大統領に再会した。大統領とは二〇一六年一月のダボス会議のクローズド・セッションで会っている。その時、大統領はロシアがいかにウクライナに兵士を送り込んでいるかを雄弁に語り、ヨーロッパのリーダーたちは、いやいや、それはウクライナだけの問題ではない、ヨーロッパ全体の問題だと励まし、私も、いや、力による現状変更はヨーロッパで起こっているだけではない、南シナ海でも起こっている、したがってウクライナの問題は世界の民主主義国家すべてについての問題だと述べた。

元ヘビー級チャンピオン市長

こういう状況で日本はウクライナに対して何ができるだろうか。ウクライナが求めているのはたとえば武器支援であるが、これはもちろんできない。あとは、ロシアに対する制裁やウクライナに対する経済支援がある。ロシアに対する制裁は、領土問題の解決をめざす日本としては、あまり踏み込めない。

そうなると、結局経済支援しかない。二〇一四年になってから、日本は一五〇〇億円を超える借款を供与している。その最大の事業は、ボルトニッチ下水処理場の改修工事である。これは、一九六四年にできた大きな処理場である。しかし社会主義にはメンテナンスという概念がないのだろうか、老朽化して一部施設が使い物にならなくなっている。政治体制がどうなっても、この改修は必要で、重要な支援だと思う。ポロシェンコ大統領も大いに感謝してくれた。そして、これらの支援を着実に実行していくため、キエフにＪＩＣＡ事務所を作ると言ったら、大変に喜んでくれた。

そのほか、キエフのビタリ・クリチコ市長にも会えた。日本でも会っているので、二度目である。クリチコ市長は、元ボクシングの世界ヘビー級チャンピオンで、身長二メートル、通算戦績は四七戦四五勝（四一ＫＯ）二敗で、勝率はモハメド・アリよりすごい。二〇〇四年には、オレンジ革命支持を表明するため、オレンジの布を巻いてリングにあがったという。クリチコ市長は、本拠地であるドイツにとどまっていれば快適で豊かな生活が待っていただろうに、市長選挙に挑み、二度は敗れたが三度目に当選した。愛国心のなせるわざである。そのうち大統領候補になると言われている。クリチコ市長もＪＩＣＡのファンである。今度オフィスを作ることにしたというと、本当に喜んでくれた。

ちなみに、弟のウラジミール・クリチコも異なる組織のヘビー級のチャンピオンで、二人で世界を制していた。

キエフのクリチコ市長と筆者

ウクライナのたくましさ

私は東京大学教授時代にウクライナからの留学生を教えたことがある。修士号を取得したのち、彼女は、早稲田大学に留学していたチリの男性と結婚し、チリに行って三菱商事で働いていた。そして機会を得てウクライナに戻り、外務省に採用された。近々東京に赴任して、日本とウクライナの関係のために働くことになっているという。夫であるチリの法律家は、彼女とともにキエフにおり、これから東京に来るのだろう。ウクライナの人々のたくましさには感心させられてしまう。

かつてロシア革命を逃れて、多くの人々が日本にやってきた。プロコフィエフはその一人で、数カ月日本に滞在してアメリカに向かった。もし日本に定着したらどうなっただろうか。

ピアニストのレオ・シロタは、日本に定着し、多くの弟子を育てた。シロタの娘のベアテ・シロタ・ゴードンは、アメリカに渡ったのち、占領軍とともに日本にやってきて、日本国憲法の草案の策定に関与したことが知られている。私も一度会ったことがある。

旧ソ連では、人の移動がきわめて多かった。『収容所群島』（ソルジェニーツィン）もその一つだし、またソ連によって抑留された満州の日本人も、ウクライナに送られた人が少なくない。そのまま亡くなった方も多い。

日本は他国にほとんど侵略されたことがない。その分、国民は内向きでたくましさに欠ける。ウクライナは難しい歴史を生きて来て、まだその渦中にあるがゆえにたくましい人が少なくない。どちらが幸せなのだろうか。もちろん日本なのだが、日本人がその幸運を生かし、世界に貢献できるときがくるとよいと思う。

キエフ市のオペラ・ハウス

キエフには大型ではないが、立派なオペラ・ハウス（ウクライナ国立歌劇場）がある。キエフ・オペラは日本にも何度もやってきている。バレエはもっと有名である。

旧知の角茂樹《すみ》・駐ウクライナ大使ご夫妻にお声掛けをいただき、ヴェルディのオペラ『ナブッコ』を観に行った。これはバビロニアのネブカドネザル王のもとに囚われの身となったユダヤ人（バビロンの捕囚）を主人公にしたオペラである。イタリアがまだ統一されておらず、オーストリアなどの支配に苦しんでいたとき、このオペラは作曲され、三幕の合唱「行け我が思いよ、金色の翼に乗って」は、独立と統一を求める民衆によって熱狂的に歌われ、イタリアの第二の国歌と言われた。この合唱に、観衆はどう反応するか、実は固唾《かたず》を飲んで観劇した。演奏は素晴らしかったが、観衆が熱狂する場面はなかった。たしかにロシアとの問題は、感情的な高揚で解決できるような問題ではない。そのことを知っているからかもしれない。

キエフ市のオペラ・ハウス

（コラム1）日本との歴史経験の共有——トルコ

二〇一四年九月末、トルコの首都アンカラを訪れた。これまでイスタンブールには二度行ったが、アンカラは初めてだった。イスタンブールのような華やかな魅力はないが、イスタンブールのような喧噪はなく、落ち着いた町だ。

トルコの発展には目を見張るものがある。トルコ航空はヨーロッパ最高という賞を連続して受けているらしいのだが、実際、食事もサービスも第一級のものだった。

トルコはケマル・アタチュルク以来、イスラム色を薄め、世俗化路線で発展してきた。二〇〇二年に公正発展党（AKP）が政権を取って以来、イスラム化が進んでいるが、そのもとで政治は安定し、経済は発展している。すでに一人当たりGDPは一万ドルを超え、一〇年程度で世界のベスト一〇の経済力になることを目標としている。

かつて日本でも自民党の安定政権のもとに経済発展が続いたように、少なくとも経済発展のある段階では、何よりも政治の安定が重要だ。

オスマントルコは、かつて北アフリカから西アジアまでを領有する大国で、西洋を圧倒する力と文明を持っていた。しかし一八世紀から衰え始め、近代化の努力も成功せず、特にロシアと戦って何度も敗れて、多くの領土を失った。

そんなトルコにとって、日露戦争は衝撃だった。日本が各地で勝利を収めるたびにトルコの世論は沸騰し、新聞は日本の勝利の報道で埋め尽くされたという。
トルコはその後、第一次世界大戦にも敗れて屈辱的な講和条約の締結を強いられた。その時ケマル・アタチュルクが立ち上がってギリシャ軍などを領土から追放し、トルコ共和国を建設し、脱イスラム、アラビア文字の廃止などを決定して、今日のトルコの基礎を築いた。ケマルももちろん、日露戦争に大きな影響を受けた人物だった。

トルコとその周辺

戦後のトルコはNATOの一員となり、冷戦戦略の一翼を担ったが、EU統合が進む中でEUからは排除されている。トルコ国民は愉快ではないだろう。

いちいち数え上げることはしないが、オスマン時代の西洋との関係から始まって、戦後のアメリカとの関係に至るまで、日本とトルコの間には共通の歴史経験が少なくない。重要な歴史経験は、言語、宗教、文化などとともに、国民のアイデンティティの構成要素ではないかと思う。

トルコは日本の同盟国になるわけでもないし、巨大な市場になるわけでもないだろう。しかし歴史経験を共有する、理解し合える友人として、とても大切な存在であり、その理解をさらに深めていくべきだろうと思う。

3　日本に「マンネルヘイム」はいないのか——フィンランド

二〇一八年四月下旬にフィンランドを訪ねた。首都ヘルシンキで驚いたのは、町の中心の広場にアレクサンドル二世の立像が立っていたことである。ソウルの中心部に伊藤博文の銅像が立つことは、考えられない。それと似たような驚きを感じたのである。

私のフィンランドについての知識は、僅かなものだった。フィンランドがロシアの圧政に苦しみ、そこから立ち上がって独立を果たしたこと、ヤン・シベリウスの交響詩『フィンランディア』は、この独立運動を背景としていたこと、日露戦争における日本の勝利がフィンランドで歓迎されたこと、第二次世界大戦において、ソ連との戦いに善戦して（冬戦争）、独立を維持したこと、戦後はソ連を配慮しつつ慎重な中立外交を推進したこと、その程度だった。

それゆえ、フィンランドは反ロシアなのだろうと思っていた。子供のころ、ユージン・オーマンディ指揮フィラデルフィア管弦楽団による『フィンランディア』のレコードを持っていたが、これはモルモン・タバナクル合唱団による合唱付きで、ナショナリズムを強烈に訴えかける演奏だった。冷戦のさなかの録音なので、反ソ的性格が強調されていたのかもしれない。実際にフィンランドとロシアとの関係はもっと複雑なものであることを、今回理解して、フィンランドの思慮深い外交に改めて敬意を深めた次第である。

ロシアの影響下から独立へ

フィンランドは、一二世紀頃から約六〇〇年にわたってスウェーデンに支配されていた。そして一九世紀初め、ナポレオン戦争を契機としてロシアの支配下のフィンランド大公国となり、ロシア皇帝がフィンランド大公国の大公を兼ねるという体制になった。その後のロシアの政策、とくにアレクサンドル二世時代（一八五五〜八一）のそれは、フィンランドの自治を重視した自由主義的なものだった。アレクサンドル二世の銅像は、この時代の好ましい記憶を反映している。

アレクサンドル２世像

しかし、その後ロシア化政策が進められ、自由は制限され、独立運動が高まった。シベリウスの交響詩『フィンランディア』（一九〇〇年初演）も、一九〇五年の日露戦争における日本の勝利とロシアにおける革命情勢も、この頃のことだった。

結局、フィンランドが独立を達成したのは、ロシア革命によってロマノフ王朝が倒れた後の一九一七年一二月のことだった。その後の政治体制については流動的で、一九一八年に入ると、ウラジーミル・レーニンの援助を受けた赤衛隊とこれに反対する白衛隊が五カ月にわたって内戦を繰り広げ、白衛隊が勝利した。白衛隊の中心となったのが、ロシア軍ですでに中将となっていたカール・グスタフ・エミール・マンネルヘイム（一八六七〜一九五一）だった。

この後、フィンランドは王制になる可能性もあったが、国王に擬されていたのがドイツ皇帝の親戚であったため、ドイツの敗戦とともにこの案は頓挫して、一九一九年、大統領制の共和国となった。このときマンネルヘイムは大統領選挙に出馬したが、敗れている。

第二次世界大戦期の苦境

フィンランドがもっとも苦しかったのは、第二次世界大戦期だった。一九三九年八月、独ソ不可侵条約が結ばれ、九月、ドイツはポーランドに侵入し、英仏はドイツに宣戦布告して、第二次世界大戦が始まった。同月、ソ連もポーランドに侵入し、ポーランドを独ソが分割するに至った。独ソ不可侵条約はバルト三国とフィンランドをソ連の勢力圏と認めており、ソ連はこの合意にもとづいて、バルト三国に対して領土的・軍事的要求を突きつけ、併合を進めた。フィンランドについても領土の交換などを含む過酷な要求を突きつけた。

しかしフィンランドがこの要求を拒んだため、ソ連は一九三九年一一月、フィンランドに侵入した。フィンランドはただちに崩壊すると思われたが、最高司令官に任命されたマンネルヘイムの指揮のもと、世界の常識を覆して善戦した。ソ連はこの侵略により国際連盟を除名されたが、フィンランドを助けてくれる国はなく、四カ月にわたる抗戦のすえ、一九四〇年三月、降伏した。国土の一〇分の一を失ったが、なんとか独立は維持したのである（冬戦争）。

しかしソ連の脅威はなお深刻だった。そのため、フィンランドはドイツへの接近を模索するようになる。ドイツも来《きた》るべき対ソ戦にフィンランドの協力を求めるようになる。一九四一年六月、バルバロッサ作戦によってドイツがソ連に侵入すると、フィンランドは中立を宣言したが、事実上、ドイツに対して一定の協力を行っていた。さらにフィンランドは旧領土を越えてソ連内部に軍を進めた。これは独ソ戦争とは別で、冬戦争の続きだという意味で、継続戦争という。

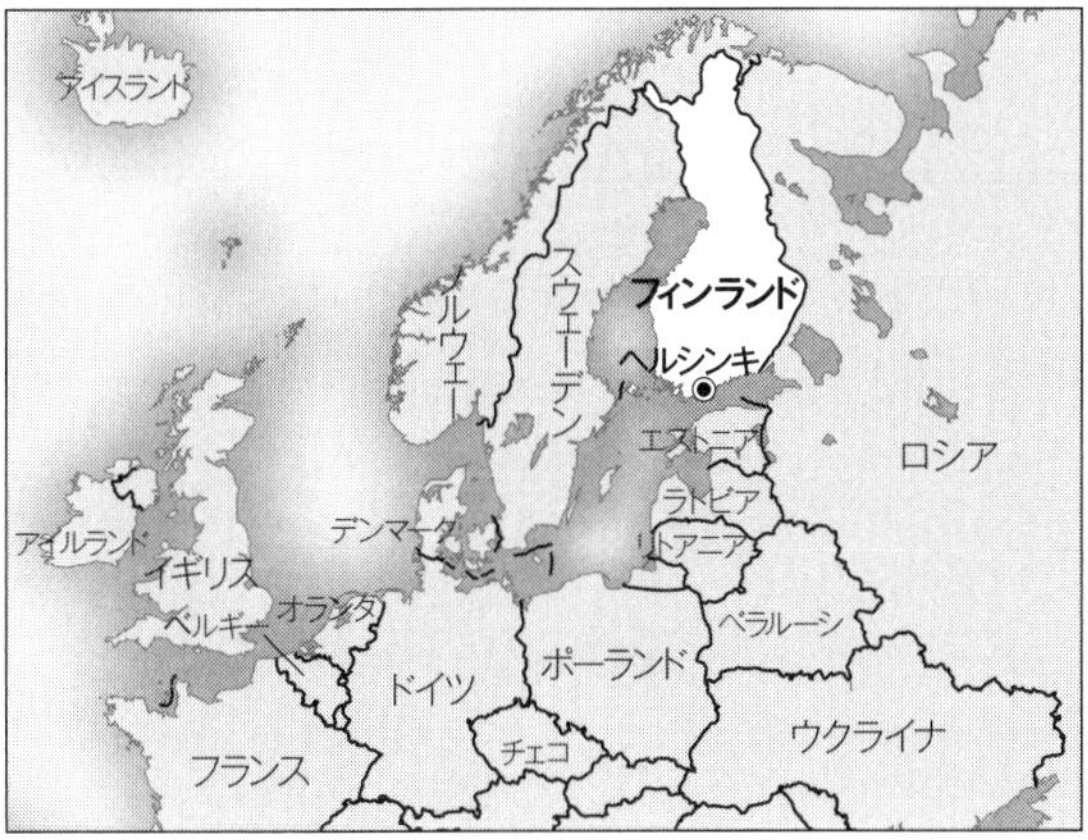

フィンランドとヨーロッパ北部

　しかし一九四三年二月、ドイツがスターリングラードで敗れると、フィンランドは苦境に立つ。ただちに戦争からの離脱をはかるが、ドイツからは協力の強化を求められ、単独不講和の約束を求められた。一九四四年六月、リスト・リュティ大統領はこれを受け入れ、一カ月後に辞職した。次に大統領に選ばれたマンネルヘイムは、単独不講和協定は前大統領の私的な約束であるとしてその効力を否定。ソ連との休戦交渉を開始し、九月、ソ連に降伏した。その降伏条件には巨額の賠償金が含まれており、また、フィンランド国内のドイツ軍を駆逐するという困難な条件も含まれていた。しかし、フィンランドはその約束を果たし、ドイツ軍と戦い（ラップランド戦争）、戦争犯罪者をみずから裁き、賠償金を支払った。

ちなみに、吉田茂はあるところで、世界で借金を必ず返すという評判の高いのは日本とフィンランドであると述べている。吉田は、賠償よりも、戦前の債務の返済を重視し、英米などから借りた金はまず返す、そうすればまた貸してくれるというのが持論だった。

「大国を頼りにするのは危険」

フィンランド軍を率いて戦ったマンネルヘイムは、フィンランドの国民的英雄であり、二〇〇四年には、最も偉大なフィンランド人に選ばれている。

マンネルヘイムは一八六七年の生まれであり、日本で言えば、陸軍大臣として軍縮を断行し、首相候補に擬されながら果たせなかった宇垣一成《かずしげ》陸軍大将より一歳年長だった。かつてロシア軍の将校であり、ロシア軍の一員として日露戦争に参加し、奉天の会戦で乃木希典《まれすけ》の第三軍と戦っている。マンネルヘイムは前線から日本軍の精強を伝え、ロシアの敗北を予測していたという。

一九〇六〜〇八年、マンネルヘイムは中央アジア探検に参加し、一万四〇〇〇キロを踏破した。そのうち一万キロはほとんど単独行だった。これは学術調査であったが、同時に諜報視察旅行であった。その最後には日本にも立ち寄っている。

ところで、日本にもマンネルヘイムと同様またはそれ以上のことをした軍人がいる。福島安正（一八五二〜一九一九）は一八九二年、ベルリンから帰国するときにシベリア単騎行を行い、ポーランドからロシアのペテルブルク、エカテリンブルクから外蒙古、イルクーツクからウラジオストクまで、一万四〇〇〇キロを一年四カ月かけて馬で横断した。これまた軍事諜報のための大冒険旅行だった。

すでに述べたとおり、マンネルヘイムはフィンランド独立後に白衛隊を指揮して以来、フィンランド軍の中心人物であったが、一九三九年のソ連との交渉については、ソ連の条件を受け入れて条約を結ぶよう主張していた。しかし彼の意見は政府に容れられず、戦争になって最高司令官に起用されたときは、すでに七二歳になっていた。最前線に立ってよく戦ったが、同時に講和を急ぎ、降伏を進めた。

マンネルヘイム

この冬戦争において過酷な平和を受け入れたとき、マンネルヘイムは次のように述べたという。「戦える力が残っている今だからこそ、和平協定のテーブルに着かねばならない。戦える力を失ったら、我々は何を材料に彼らと協定を結べるというのか。残されるのは完全な屈服だけだ」

継続戦争が起こると、マンネルヘイムは再び起用され、ソ連と戦った。対独協力に傾斜するフィンランドにあって、マンネルヘイムはなるべくドイツと距離を置こうとした。一九四二年の、マンネルヘイムの七五歳の誕生日には、アドルフ・ヒトラーがマンネルヘイムを電撃訪問している。これは迷惑なことだったようである。そして一九四四年に大統領となると、ソ連との和平を進め、その義務を守って、フィンランド国内のドイツ勢力の駆逐という困難な仕事（ラップランド戦争）をも遂行した。

マンネルヘイムは、ドイツとの同盟については次のように述べたという。「自らを守りえない小国を援助する国はない。あるとすれば何か野心があるはずだ」「大国に頼りきることは大国を敵にするのと同じくらい危険なことだ」

敗戦国の五輪開催

ところで、ヘルシンキで目立つのは、オリンピック会場である。

一九三六年のベルリン・オリンピックが民族の祭典として大きな評判となったあと、一九四〇年に東京でオリンピックが開かれることになっていたが、日中戦争のさなか、日本はこれを返上した。それを引き受けたのがヘルシンキだったが、第二次世界大戦の勃発によってこれも中止となり、一九四四年も引き続き中止となった。

戦後最初のオリンピックはロンドンで開かれたが、ここには日本の参加は認められなかった。そしてフィンランドは一九五二年、ようやくオリンピックを開催することができ、日本も戦後初めて参加できた。ちょうど、サンフランシスコ講和条約発効の年であった。

フィンランドの英雄、鉄人パーヴォ・ヌルミが聖火リレーに登場し、またチェコのエミール・ザトペックが陸上長距離で活躍した大会だった。日本は石井庄八がレスリング・バンタム級フリースタイルの金メダルを獲得し、水泳や体操などで銀メダル、銅メダルを取っている。ただ、期待されていた「フジヤマのトビウオ」古橋広之進は、全盛時をすぎていて、メダルに手が届かなかった。

フィンランドはソ連から重い賠償を課せられていたが、これを早々に返済して、このオリンピックを迎えた。敗戦国の主催、初のソ連の参加、北京と台北の両方の中国の招聘（結局、台北が参加を拒否）、など話題の多いオリンピックであり、小規模でアットホームな雰囲気で、これを懐かしむ人が多い。

安全保障感覚の強さ

第二次世界大戦終了後、フィンランドはバルト三国のようにソ連に併合されることもなく、東欧諸国のように社会主義化されて衛星国にされることもなく、資本主義と民主主義を守りながら、しかしマーシャル・プランによる援助も受けず、NATOにもEEC（ヨーロッパ経済共同体）にも入らず、もちろんワルシャワ条約機構にも入らず、中立を守った。

フィンランドの安全、防衛に対する意識は極めて高い。

フィンランドには、人口の七割を収容できるという核シェルターが地下に張り巡らされている。一方で、エネルギー政策では原発依存率が高い。そしてその処理については、オンカロという有名な廃棄物処理場を作った。地下四〇〇メートル以上のところに廃棄物の蓄積場を作り、これを二〇〇年使った後は埋めてしまうというもので、この方法で一〇万年後に至る計画をたてている。これも安全保障感覚の強さゆえであろう。

フィンランドは、今でも徴兵制度を維持している。男子のみ一八歳以上で、兵役拒否も認めている。

なお日本では、徴兵制度は憲法一八条が禁止する苦役であるから認められない、ということになっている。私は、徴兵制度は必要ないと思っているが、この解釈はひどい。世界の多くの国で、兵役は国民の神聖な義務だということになっている。フィンランドのような平和愛好国家も、これを国民の義務としている。日本で苦役なら、外国でも苦役のはずである。徴兵が苦役であるとは、世界の常識とかけ離れたとんでもない解釈であって、日本の憲法学のガラパゴス性を示す顕著な例である。

フィンランドはまた、世界の中で平和のために様々な貢献を行っている。たとえばインドネシアのアチェの和平（二〇〇五）を実現することに成功した。この件で、マルッティ・アハティサーリ元大統領は二〇〇八年にノーベル平和賞を与えられている。私も今回、アハティサーリ元大統領と会うことができた。JICAがフィリピンのミンダナオでの和平支援において何をしているかを、じっくり話し合った。元大統領は、「私は政治家ではない。パブリック・サーバントである。政治家に何をなすべきかを指し示すのが私の仕事だ」と言っていた。あるべき方向に政治家と国民をリードするのだという気概にあふれた言葉である。

またPKO（国連平和維持活動）は二〇一八年六月現在、警官一五名、兵員二九八名、その他二九名で、合計三四二名である。人口五五〇万の国としてはかなり多い。日本は兵員ゼロである。

フィンランドが遠くの国の平和にまで熱心なのは、第一に人道主義的な理由からだろう。しかしそれ以外に、世界で紛争が頻発し、それを力で解決する風潮が横行しては困るからだと、私は考えている。国際紛争を力によって解決しないというのは、国連憲章一条二条、および憲法九条一項（私は二項には反対だが、一項は強く支持している）と同じである。二度の大戦争を越えて人類が到達した重要な原則である。しかし、大国はしばしばこれを無視して、力で問題を解決しようとする。最近、ロシアのクリミア併合など、力の行使が増えている。そういうことに、フィンランドは不安を覚えるだろうし、日本ももっと真剣に考えるべきだろう。

思慮深い外交はあるのか

ともあれ、フィンランドはロシアの圧力に対して、思慮深い判断をし、抵抗し、あるいは妥協した。そこには、マンネルヘイムのようなリーダーがあり、彼を支持した国民がいた。

マンネルヘイムについては、左翼に厳しいとか、ときに優柔不断だったとか、いろいろ批判もあるようだ。しかし、以上にあげた局面での彼の判断や行動は、見事というほかない。闘うときは勇敢に賢く闘い、しかし大局を見て大胆な譲歩を辞さない。こういう人は日本にいるだろうか。

かつてはいた。日露戦争でもっとも重要な軍指導者だった児玉源太郎は、最も熱心な和平論者だった。宇垣一成も、一九三〇年代後半には陸軍の巨大な軍拡や膨張には反対で、それゆえに首相になれなかった。海軍にも、外交上の優れた知見を持つ人物はいたが、彼らはいずれもメインストリームになれなかった。そして世論は空虚な宣伝を受け入れて、軍事的拡張路線を支持してしまった。

現在はどうだろうか。フィンランドのような思慮深い外交が、日本に存在するだろうか。日本にマンネルヘイムはいるだろうか。

もちろん、日本とフィンランドとの間には、大きな違いがある。

日本の人口はフィンランドの二三倍の一億二六〇〇万人であり、ロシアの一億五〇〇〇万に対し遜色はない。経済力でははるかにロシアを上回る。中国と比べると、人口は一〇分の一、経済力は四〇%くらいであるが、海で隔てられているという利点がある。しかもアメリカという同盟国を持っている。

それでも、ロシアは依然として危険な軍事大国であり、中国は急速に軍事大国化を進めており、遠からずアメリカに追いつく勢いである。さらに北朝鮮の核武装という事実もある。フィンランドに比べると、日本の外交安全保障政策は、あまりに能天気ではないだろうか。マンネルヘイムが一方的な大国への依存を戒めているのは、日米関係についても重要である。そして日本は、世界の平和や国連平和活動に対して、フィンランド以上に貢献するべきだろう。

（参考文献）
武田龍夫『嵐の中の北欧』（中公文庫、一九八五年）

百瀬宏・石野裕子編著『フィンランドを知るための44章』（明石書店、二〇〇八年）
石野裕子『物語　フィンランドの歴史』（中公新書、二〇一七年）

（コラム2）ロシア情報を知る窓口――バルト三国

二〇一五年二月のはじめ、バルト三国のうちのラトビアとリトアニアの二国、そしてスウェーデンに行ってきた。

ラトビアの首都リガは、アメリカがソ連と外交関係を持っていなかったころ、ソ連情報を知るための有力な窓口だった。ジョージ・ケナンはここで新米の外交官として一九三〇年前後、二度勤務してソ連を研究していた。

リトアニアの戦前の首都カウナスには、領事代理として杉原千畝《ちうね》がいた。杉原は一九四〇年夏、ポーランド方面から逃れて来たユダヤ人に対し、大量のビザを発行し、その結果、六〇〇〇人のユダヤ人がシベリア鉄道経由で日本に逃れることができた。当時の日本は親独だったから、きわめて勇気ある行動だった。杉原は元来、諜報活動に従事していたとみられる。

スウェーデンのストックホルムには、一九四〇年から四五年まで、駐在武官として陸軍少将小野寺信《まこと》がいた。彼は独自の活動で、ドイツが四一年六月にソ連に攻め込むことを察知したが、東京はそれを信じなかった。

さらに一九四五年二月、小野寺はヤルタ会談において、ドイツが降伏したのち、三カ月でソ連は対日参戦するという約束がなされたことを察知するが、これも陸軍中枢に握りつぶされた。当時の陸軍主流は、ソ連を仲介として和平に持ち込もうとしており、小野寺の情報は邪魔だったのである。もし、小野寺の意見によって日本が早期に降伏していれば、二度の原爆も、ソ連の参戦も、もしかして沖縄戦もなかったかもしれないのである。

ラトビアは人口二〇〇万、リトアニアは三〇〇万、ロシアという大国に接しているがゆえに、その脅威は切実に感じられ、情報収集も真剣である。二〇一四年からのウクライナ危機も他人事ではなく、きわめて厳しい見方をしている。

スウェーデンでも人口一〇〇〇万で、ナポレオン戦争以来二〇〇年、戦争をしていない平和国家であるが、その平和を守るため、冷戦期には世界第四位の空軍力を持ち、徴兵制を持ち（二〇一〇年に廃止されたが、二〇一八年に復活）、SIPRI（ストックホルム国際平和研究所）などの世界に著名な戦略研究所を持っている。安全保障に対してそれだけの投資をしているのである。

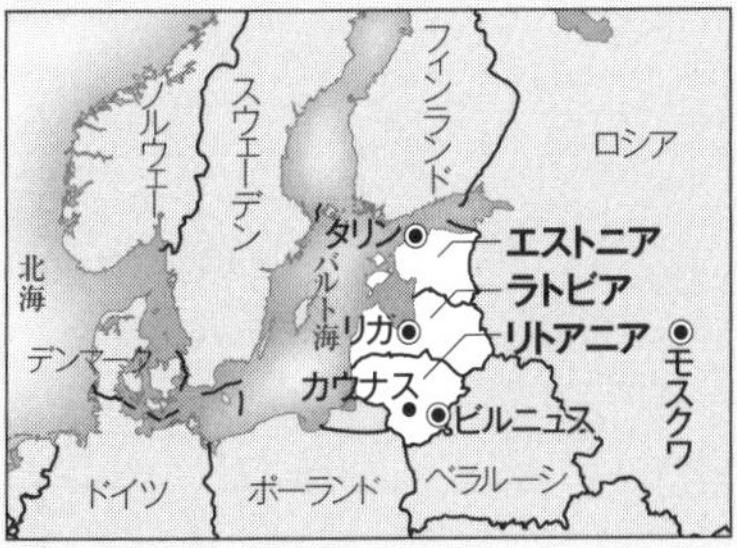

バルト三国とその周辺

戦前の日本の情報収集は、立派とは言えなくとも、かなりのことは行っていた。しかし、それを活かすシステムが欠けていた。現在の日本なら、その気になれば、もっと立派な情報収集ができるはずである。

世界はもはやかつてのように平和ではなく、日本人の活動は世界に広がっている。情報の収集と分析とに、これまでに数倍する努力が必要だろう。

4 「過敏な大国」とのつきあい方――ロシア

二〇一七年九月の初め、初めてウラジオストクに行った。近代日本の政治外交史を勉強してきた者としては、ぜひ一度行ってみたかった。ウラジとは支配する、ヴォストークとは東方、つまり東方を支配するというのが語源だという。

丘の上に登ると、大きく切れ込んだ金角湾が見える。これはイスタンブール（コンスタンチノープル）の金角湾と同じ名前である。ウラジオストクの前の海峡は、東ボスポラス海峡といって、これまたイスタンブールのボスポラス海峡と同じ名前である。ウラジオストクを東のイスタンブールとし、ロシア帝国を第二の東ローマ帝国にしようとする意図が込められていたのだろうか。

湾に接続して、ウラジオストク駅がある。シベリア鉄道の終点であり、モスクワまで九二八八キロという碑が建っている。モスクワまで六日かかるが、航空路が開けるまでは、極東からヨーロッパへの最短コースはシベリア鉄道だった。

シベリア南部そして日本への関心

ロシアの東方進出の歴史は古い。一五〇〇年代の末、西シベリアのシヴィル・ハン国を滅ぼし、東進を続け、一六三〇年代にオホーツク海に到達した。その後まもなくベーリング海峡まで到達し、一八世紀には海峡を越えてアラスカに進出したが、補給が難しく、一八六七年にはアラスカをアメリカに売却した。カムチャツカからアラスカへは、寒く、遠かった。

この間、ロシアの東方発展は、北のほうに限られていた。一六八九年のネルチンスク条約でロシアと清国の間の国境が定められており、およそ樺太の北端あたりより北がロシアで、それより南は清国だったからである。

しかしロシアは南をめざし、一八五八年、愛琿《あいぐん》条約によってアムール川の左岸を領土とし、一八六〇年の北京条約によってそれより南の部分を獲得し、これを沿海州とし、その南端にウラジオストクの建設を開始したのである。

南への関心には、日本も含まれていた。暖かく、物資の豊富な日本は、ロシアにとって是非とも接触したい相手であった。ピョートル一世がサンクトペテルブルクに日本語学習所を設立させ、漂流民の伝兵衛に日本語を教えさせたのは一七〇五年のことである。さらに一七五〇年代には、イルクーツクに日本航海学校そして日本語学校が作られている。外国における日本研究の最初は、オランダを除けば、ロシアだった。

この時代で有名なのは、一七八三年に漂流した大黒屋光太夫である。彼は一七九一年、エカテリーナ二世に謁見を賜り、ラックスマンに伴われて根室に来ている。

その後、多くの接触があった。レザノフの訪日（一八〇四）、ゴローニンの抑留（一八一一〜一三）、日本側では近藤重蔵の択捉《えとろふ》探検（一七九八）、間宮林蔵の樺太探検（一八〇八〜〇九）、高田屋嘉兵衛のゴローニン事件解決のための活動など、教科書にも載っているし、司馬遼太郎、吉村昭などの小説でも知られている。いずれも幕末の対外意識に大きな影響を及ぼした事件であったが、日本の開国にはつながらなかった。

「礼儀正しい」「乱暴な国」というイメージ

日本の開国を実現したのは、一八五三年、ペリーにわずかに遅れてやってきたプチャーチンであった。プチャーチンはクロンシュタットから一年以上かけて日本にやってきた。日本滞在中には大地震による津波に見舞われて旗艦ディアナ号が大破したが、これを修理し、修理が失敗するとさらに代船ヘダ号を建造させた。この間に起こったクリミア戦争においては、イギリス船を襲撃しようとした。プチャーチンと条約交渉をした川路聖謨《としあきら》は、プチャーチンのことを驚くべき豪傑だと賛嘆している。

日露は一八五五年、和親条約を結び、さらに一八五八年、修好通商条約を結んだ。その結果、長崎、横浜、神戸、新潟、箱館の五港が開かれた。ウラジオストクの建設が始まったのは、六〇年のことだった。五港のうち、新潟は日本海に面しており、箱館、長崎も日本海の近くだった。ウラジオストクにドックがなかったときは、ロシアは長崎を利用した。

ロシアの行動は、時に深刻な脅威であった。一八六一年三月、ロシア軍艦ポサドニックは対馬に上陸し、港湾の租借を要求して立ちのかず、大きな問題となった。日本はようやくイギリスの力を借りて追放することができた。

ロシアにはプチャーチンのような礼儀正しい国だというイメージがあったが、他方でポサドニック号事件のような事件を起こす乱暴な国というイメージもできた。

榎本武揚の活躍

その頃、日露関係は新たな展開を迎えている。

一八七五年五月、榎本武揚はサンクトペテルブルクで交渉し、千島樺太交換条約を締結した。それまで日露混住だった千島と樺太とを、千島が日本領、樺太がロシア領と定めたのであった。日本では譲りすぎだと批判があったが、日露の国力を考えれば妥当な結論だった。

なお榎本はロシアの将来に深い興味を持ち、一八七八年に帰国する際には、鉄道と馬車と船を乗り継いで、七月から九月の二カ月をかけてウラジオストクまで旅行している。それほど、ロシアの実態を知ることに力を入れたのである。

なお、榎本武揚は万能の天才だった。オランダで国際法と軍事を学び、幕府が朝廷に屈服するのを不満として、優勢だった幕府の艦隊を率いて江戸を脱走し、箱館の五稜郭にたてこもった。国際法の知識を駆使して、「蝦夷共和国」の樹立を宣言し、列国に交戦団体として認めさせようと活躍した。敗北して、降伏したのちは、榎本の才能を惜しむ人々の嘆願で一命を取り留めた。

そのち、北海道開拓使の中で活躍し、一八七四年にはロシア駐箚《ちゅうさつ》特命全権公使に起用され（そのとき、いわば箔を付けるために海軍中将にも任命された）、千島樺太交換条約を締結したのである。こののち、海軍卿、清国駐箚特命全権公使、逓信大臣、文部大臣、外務大臣、農商務大臣などを歴任し、子爵に任ぜられ、メキシコ移民を実現させた。

福沢諭吉が『瘠我慢の説』の中で、幕臣から出て新政府に仕え、顕官となった勝海舟と榎本武揚を、士道に背くものとして厳しく批判したことはよく知られている。福沢の主張には一理あるが、これだけの活躍をした人物だから、私は榎本に同情的である。明治の政治外交に巨大な足跡を残した陸奥宗光も、西南戦争に同調した疑いで投獄され、危うく一命を取り留めた。敵を許さないカルチャーであれば、現れなかった才能であった。

不幸だったニコライ二世

ウラジオストクをさらに重要としたのは、シベリア鉄道の建設であった。一八五〇年代から計画はあったが、技術的に極めて難しく、また巨大な資金を必要とすることから、容易に決定はなされなかった。しかし、一八九一年三月、皇帝はシベリア鉄道建設を決断し、上諭を発した。

このとき、皇太子、のちのニコライ二世は極東旅行中であった。皇帝は皇太子にウラジオストクに行き、起工式に臨むよう命じた。皇太子はウラジオストクに向かい、その途中で日本に立ち寄った。

そこで起こったのが大津事件であった。巡査津田三蔵が大津で皇太子を襲い、負傷させた事件は、日本中を震撼させた。全国から謝罪使が殺到し、津田を死刑にすべしという声が高まったが、大審院はこれを排して無期徒刑とした。日本では司法権の独立を守った判決として知られているが、この間の政府の苦悩は筆舌に尽くしがたいものだった。

皇太子はきわめて紳士的で、「どの国にも狂人はいる」といって、穏やかな対応をした。日本をたってウラジオストクに向かい、起工式を終えて帰国した。

ちなみに、ニコライ二世は日本との関係で、不幸な人であった。一八九一年に大津事件で負傷し、日露戦争の最中には革命の勢いが高まり、しかも戦争に敗れた。第一次世界大戦では日本とともに戦ったが、敗れ、ロシア革命後には処刑されてしまった。いずれも日本に関係していたのである。

勢力南下から日露戦争へ

シベリア鉄道の建設は、日本の対露認識を大きく変えた。幕末以来、イギリスとロシアとどちらがより危険かという議論が繰り返されていた。しかしシベリア鉄道の建設で、日本は明確にロシア警戒の方向に転じた。

一八九四年、日本は日清戦争を戦った。それは、朝鮮における清国の勢力の排除を目的としていた。朝鮮半島が日本と敵対的な第三国の支配下に入ることは、日本にとって危険だという考え方が、日本では支配的だった。日本に敵対的な第三国とは、当時朝鮮に対して宗主権を強化しつつあった清国であったが、同時に、将来におけるロシアの影響力の拡大も念頭にあり、その前になんとかしなければという意識があった。

一八九五年、日清戦争の勝利によって、日本は朝鮮から清国の影響力を排除したが、その代わりに入ってきたのはロシアの勢力だった。一八九六年には、朝鮮の国王と皇太子がロシアの公使館に居住するという事態が起こっている。

ロシアはまた清国方面への進出を強化した。清国の対日賠償に関し、ロシアはフランスと共同で借款を供与し、清国に対する影響力を強化した。

そして一八九六年、ニコライ二世の戴冠式に出席した李鴻章と露清密約を結んだ。両国は日本を仮想敵国として、有事の際には相互協力することを約し、その目的のため、元来ロシアと清国の国境の北側を迂回してウラジオストクに到達することになっていたシベリア鉄道に関し、清国の中を通り、東に抜け、ウラジオストクに到達する鉄道を敷設する権利が与えられた。清国内部の部分は、東清鉄道とされ、ロシアが実権を持つ会社が経営するものとされた。当初の路線は、気候も厳しく、距離も長く、工事も難しかったので、東清鉄道はロシアにとって極めて有利なものだった。この時、ロシアは李鴻章に巨額の賄賂を払ったと言われている。

さらに一八九八年、ロシアは清国から、遼東半島の先端を租借し、旅順・大連を建設する権利を獲得し、東清鉄道の途中（ハルピン）から、旅順・大連に至る鉄道を作り、運営する権利を得た。まことに目覚ましい進出ぶりだった。

旅順・大連の建設とともに、シベリア鉄道―ハルピン―旅順・大連が、ロシアの極東に至るメインルートとなった。ロシア極東艦隊も旅順を拠点とするようになった。

この間、ロシアは朝鮮半島の南岸に海軍軍港の租借地を得ようとしたこともあった。これが完成すれば、ウラジオストク、馬《ま》山浦《さんぽ》、旅順のルートはロシアの影響下に置かれ、日本海はロシア海となったかもしれない。

日本がロシアに対する戦争に踏み切ったのは、こうした情勢においてであった。戦争初期、日本は大陸への兵員および物資の輸送において、霧の多い海で、しばしばウラジオストク艦隊に脅かされた。

シベリア鉄道

ロシアはバルチック艦隊がやってくるのを待ち、これと旅順艦隊とウラジオストク艦隊が合流して巻き返そうとしていた。これを打ち破ったのが一九〇五年五月の日本海海戦だった。

三つの欧州行きルート

日露戦争後、ロシア革命までは、日露関係は良好だった。中国に対して権益を持つ者同士、提携してアメリカの満州進出に対抗した。

日露の間の交通も改善され、一九一〇年には、東京発パリ行きという切符が発売されている。

これには三つのルートがあった。第一は、下関から関釜連絡船で朝鮮にわたり、朝鮮鉄道、満鉄（南満州鉄道）、東清鉄道、シベリア鉄道を乗り継ぐものであり、費用は現在で換算すると一〇〇万円ほどかかったらしい。第二は、日本から汽船で大連に行き、そこから満鉄、東清鉄道、シベリア鉄道と乗り継ぐもの、第三は、敦賀から船でウラジオストクに渡り、シベリア鉄道で行くものであった。

余裕のある人は第二の大連ルートを利用した。林芙美子もこのルートで行っている。第三のルートで行ったのが与謝野晶子である。一九一二年、パリに渡った夫、鉄幹のあとを追った。「晶子や物に狂ふらん、燃ゆる我が火を抱きながら、天がけりゆく、西へ行く、巴里の君へ逢ひに行く」という詩碑が、ウラジオストクにある国立極東大学東洋学部の敷地の一部に建てられている。

ロシア革命以降は関係が悪化

日露関係が再び暗転したのは、シベリア出兵である。今から一〇〇年ほど前のことである。

第一次世界大戦末期にロシア革命が起こり、とくに二月革命によってボルシェヴィキが政権をとると、戦線からの離脱を決定した。これはドイツを東西から挟み撃ちにしていた英仏にとって大きな打撃だったので、第二戦線再建が大きな課題となり、日本などに東から戦争に参加するように求めてきた。

その後、チェコ軍団救出問題が発生した。チェコは当時オーストリア・ハンガリー帝国の一部であり、独墺側で戦っていたが、チェコ独立のためにロシア側に参加するものが現れた。ところが、ロシアがドイツと講和してしまったため、居場所がなくなってしまった。彼らは東進してロシアから脱出し、再び連合軍に加わって独墺と戦おうとして、ウラジオストクをめざし、ロシアの中で孤立することとなった。彼らチェコ兵を救出しようという声がアメリカで高まり、連合軍はシベリアに出兵することとなった。日本の場合は、領土的野心を持つ者もあって、アメリカの誘いを受けて参戦することになった。一九一八年八月のことである。彼らが最初に上陸したのがウラジオストクであった。ウラジオは当時反革命派の拠点であった。

やがて反革命派の力は衰え、一九二〇年、アメリカも撤退した。しかし日本は撤退の機を逸し、ずるずると駐留するうち、ニコライエフスクにおいて日本人が七〇〇名以上虐殺されるという事件が起こっている。これに対して日本は樺太北部を保障占領し、一九二五年に日ソ基本条約が結ばれるまで、緊張が続いた。

国交回復後も、良好な関係は長くは続かなかった。一九二九年には大恐慌があり、一九三一年の満州事変で再び日露関係は緊張するに至った。ウラジオストクの軍事的強化が始まり、日本人に対する警戒は厳しくなった。宗教も自由を奪われて、たとえば西本願寺の別院なども閉鎖されている。一九三六年に日独防共協定が結ばれるに至って、総領事館関係者以外は、ほぼ退去させられてしまった。

その後、一度だけ、日ソ関係が盛り上がったことがある。松岡洋右外務大臣のもとで、一九四〇年九月、日本は日独伊三国同盟を締結した。松岡はさらにソ連を加えて四国同盟とし、アメリカを牽制しようとした。松岡はソ連を訪問して熱烈に働きかけ、同盟ではなかったが、一九四一年四月、日ソ中立条約を結ぶことに成功した。

ところが同年六月、独ソ戦が始まると、松岡はただちにソ連に攻め込むことを主張した。それまで「スターリンさん、スターリンさん」と、その親しさをアピールしていた松岡の豹変は、周囲を驚かせた。

中立条約は一九四五年八月まで維持され、日本の陸軍にはソ連を仲介とする和平を模索するものが少なくなかった。しかしソ連は二月のヤルタ会談で、すでに対日参戦を決めており、八月九日、ソ連は条約を破って日本に対して攻撃を開始した。ソ連を巻き込んだ松岡の権謀術数は、悲惨な失敗に終わったのである。

焦らずに距離を置いた関係を

現在のウラジオストクは、開放的な都市である。それまで軍港だったのが、一九九二年に開放されている。二〇一二年にはAPEC（アジア太平洋経済協力）首脳会議が開かれている。

長年、この町は日露の緊張の焦点であった。そのことを考えると、現在の日露関係は安定しており、それだけで重要なように思われる。ソ連が中立条約を破って参戦し、六〇万人の日本人を抑留し、うち一割が亡くなったことを、われわれは忘れてはいない。領土問題も残っている。しかし、相互に脅威にはなっていない。

ロシアは安全保障に敏感な国である。四方から包囲されているという被害者意識が強い。こういう国とは適切な距離を置き、脅されず、脅さない関係を固めていくのがよいように思う。

しかし、日露関係がさらに大きく発展するかどうかは疑問である。何よりも沿海州の人口は二〇〇万程度であり、しかも減少傾向が続いている。日本の経済力もパッとしないから、現地で中国や韓国のプレゼンスが大きいのはやむを得ない。

経済力をテコに領土問題を解決するというのは、なかなか難しいだろう。経済協力は、双方に利益があることをやればよい。それで政治を動かそうなどと考えない方が無難である。

他方で、政治は政治で協力を深めればよいと思う。ロシアは、安全保障に敏感であるがゆえに、日本の安全保障能力について、一定の理解を持つ面もある。中国とちがって、これまで日本の安全保障政策の推進にあまり反対してこなかったし、二〇〇五年の安保理改革にも、強い反対はしなかった。

現在、北朝鮮が核とミサイルを強化しているなか、ロシアにこれを認めさせず、日本との関係を強化することに(制裁強化には容易に賛成しないだろうが)、安倍－プーチンの信頼関係は使うべきだ。

将来、ロシアにとって真に重要な問題は、ロシアの人口がさらに減る中で、中国の圧力にどう対応するかということである。中国のジュニア・パートナーとなる道を選ぶのか、それを拒むのか、難しい時期がもうすぐ来るだろう。その時、日本は重要なパートナーたりうる国である。その時まで、焦らずに距離を置きつつ、つきあうのがよいように思う。

ウラジオストク駅

最後に一つ付け加えれば、ロシアは一度自由化を経験した国である。政府に対する批判を含め、言論ははるかに自由である。これは大事なことである。

第二章　フロンティアとしてのアフリカ——中国の影と向き合う

二〇五〇年にはアフリカの人口は二五億に達し、世界の二五%になると言われている。人類の四人に一人である。アフリカがもし順調に発展すれば、巨大なマーケットになるだろう。もし発展しなければ、世界にとって大きな混乱要因となるだろう。紛争、難民、飢餓、感染症を放置することは、人道的にも許されないし、放置すれば、テロの温床となる可能性が高い。

そこに日本はどう取り組むのか。かつて日本は南アフリカから名誉白人として扱われてきた。それゆえ、他のアフリカ諸国とは、あまり親しい関係ではなかった。日本のアフリカ外交は、一九九三年の第一回アフリカ開発東京国際会議(TICAD I)から本格化した。

その点で、社会主義の連帯を標榜した中国の方が先行していたのである。しかも中国はアフリカに大量の人を送り、いまや一〇〇万人の中国人が住んでいる。他方で日本人は八〇〇〇人に過ぎない。その中で、いかにして日本はアフリカとの関係を築くのか。

日本がこれまで築いてきた実績も、かなりのものである。それを振り返り、今後の方向を考える。

5　米作支援で難民の自立を――ウガンダ

二〇一七年八月、ウガンダ共和国を訪問した。ウガンダ北部には、南スーダン共和国の紛争を逃れた難民が大量に流入している。その数は一〇〇万人を超えていて、世界の難民問題の中で、もっとも深刻なものの一つとなっている。六月には首都カンパラで、アントニオ・グテーレス国連事務総長が出席して、ウガンダ難民連帯サミットが開かれた。ＪＩＣＡ（国際協力機構）も難民支援の一翼を担っており、その現状を視察することが主な目的だった。

繰り返されたクーデタ

ウガンダはアフリカ東部にある内陸国である。東にケニア共和国、南にタンザニア連合共和国、南西にルワンダ共和国、西にコンゴ民主共和国、北に南スーダン共和国と、五カ国に囲まれている。

内陸国というのは、貿易の上で大変なハンディである。国連には「発展途上の内陸および小島嶼国」（Land-locked Developing Countries, and Small Island Developing States）を対象に、これらの国々を支援する枠組みがある。日本は長年このグループを支援していて、私が国連大使だったときも、こうした国々と交際があった。

　ウガンダの面積は約二四万平方キロで、本州程度、人口は約四二〇〇万人である。国際標準でいうと、これは決して小さな国ではない。この面積でこの人口なので、かなり豊かな可能性のある国である。国の玄関口である国際空港は、首都カンパラから四〇キロほど離れたエンテベにあって、やや遠い。一九七六年、イスラエルがハイジャック犯人に対して強行救出作戦を行い、成功させたことで有名になったところである。

　ウガンダはイギリスの植民地だったが、一九六二年に独立した。国土は南北でかなりの差異があり、気候、風土などで恵まれた南部（ここにブガンダという王国があり、それがウガンダという国名の起源となっている）と、恵まれない北部との対立があった。イギリスは、よくあることであるが、貧しい方の北部を重用し、南部を抑えた。これが独立後、さらに南北の関係を難しくした。

　一九六二年の独立後、政変が繰り返された。六六年、首相のミルトン・オボテがクーデタを起こし、大統領となって社会主義化を目指した。七一年、軍司令官イディ・アミンがクーデタを起こし、悪名高い残虐な統治を行い、三〇万人もの人が虐殺されたと言われている。七九年、アミンは失脚し、オボテが翌年大統領に復帰した。その後も内戦が続き、クーデタが繰り返された。これらの対立は、しばしば周辺国を巻き込んだり、周辺国に利用されたりした。これも内陸国の不幸な宿命の一つである。

一九八六年、ヨウェリ・ムセヴェニが大統領になって、やや安定をみた。しかし、北部ではジョゼフ・コニーに率いられた宗教色の強いＬＲＡ（Lord's Resistance Army＝神の抵抗軍）が台頭し、村々を襲撃しては少年や女性を次々と誘拐し、住民を恐怖に陥れた。

私が国連代表部にいたとき、少年兵問題が大きな問題だった。少年を誘拐し、兵士に仕立てることが、ＬＲＡを含め、各地で起こっていた。この問題に取り組むために少年兵問題に関する委員会というものが作られ、委員の選挙があった。私に会いにきたある候補は、ウガンダで少年兵にされ、そこから脱出して苦学し、弁護士になって、この問題に取り組み、国連の委員会の委員に立候補していた。三〇歳前後だったろうか、まだ若く小柄な青年の話を聞いて、ぜひ当選してほしいと思ったことを覚えている。

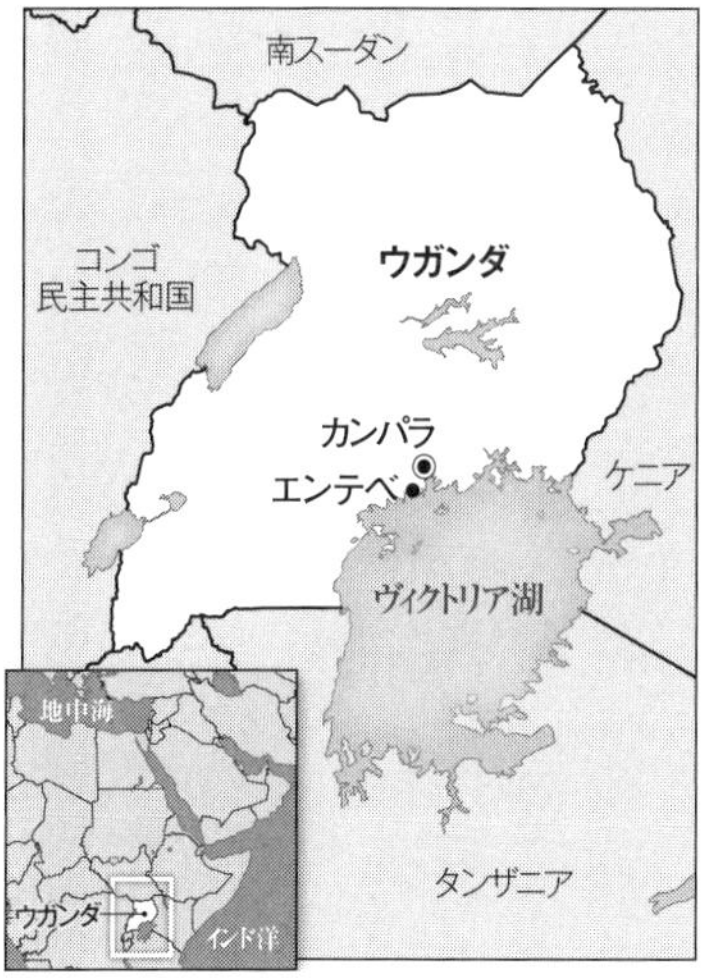

ウガンダと周辺国

拡大されるべきではない「奴隷」の観念

ところで、女性に対する誘拐や集団レイプも、アフリカではしばしば起こっている。これは、奴隷などとして売り飛ばすために行われることもあり、さらには、相手の部族のアイデンティティを挫き、戦意を喪失させるために、意図的に大量に行われることもある。まことにひどい話である。

国連には、「女子差別撤廃条約とこれに関する委員会（Committee on the Elimination of Discrimination Against Women: CEDAW）」がある。この問題などは、当然、CEDAWの重要な課題であった。ところが二〇〇四年当時、韓国から選出された委員は、従軍慰安婦問題に取り組んでいるNGO（非政府組織）の代表で、委員会の審議でも従軍慰安婦問題を優先的に取り上げようとしていた。

私は従軍慰安婦とされた女性には同情を禁じえないし、日本軍には大きな責任があったと思う。しかし、ウガンダなどの女性の誘拐や集団レイプはその比ではない。はるかに重大で深刻で緊急な問題だった。こうした問題をさしおいて、従軍慰安婦問題を取り上げようとする人には、強い違和感があった。

なお、従軍慰安婦を性奴隷という人があるが、私はこの表現にも大きな違和感を覚える。従軍慰安婦の場合は、騙されて応募した人もいたであろうが、暴力で連れ去られたわけではない。これとウガンダで起きたような暴力による誘拐とを同一視するのはおかしい。奴隷の観念をこのように拡大するのは、本当に奴隷を利用した人々の責任を軽減してしまうことにもつながる。アメリカはかつて奴隷制度によってその繁栄を支えられた。韓国はベトナムで大量の暴行を行った。こうしたことと、慰安婦問題とは次元が異なるのであって、決して同一視すべきでない。同じ言葉を使うべきではない。

流入する難民に職業訓練を

ともあれ、このLRAの攻勢も二〇一〇年ころには山を越え、比較的安定した政治がつづいている。経済も最近は好調である。ムセヴェニ大統領は独裁的ではあるが、過去の混乱を知っている人々も、国際社会も、さほど批判的ではない。

日本とウガンダの間で有名な話は、現地の綿花を使ったシャツの生産で大きな貢献をした柏田雄一氏である。現地で大変に信用され、様々な暴力から、ウガンダの人々が守ってくれた。しかし、いつしか中国製品の進出によって衰退したという。JICAでは、職業訓練所が長く活動を続けて、評価されている。

しかしこれらはいずれも南部の話であった。JICAが北部で取り組んだのは、LRAに追われた人々の帰還問題だった。これについては、国際開発ジャーナル編集部編『UGANDA通信――北部復興支援の現場から』(二〇一三年)が詳しい。大量の国内避難民が恐怖に怯えていた様が、そしてJICAがいかに取り組んだかが、述べられている。

最近の南スーダンからの難民の流入については、したがって、JICAは一定の経験があった。それにしても一〇〇万人もの人をどうして支えればいいのか。

JICAが行っているのは米作と地方行政能力の強化支援である。元来、難民は労働することを制限されている。難民受け入れ地域と利害が対立してしまうからである。しかし、昨今の難民の規模の拡大と長期化は、そのような方法では対処できなくなっている。難民が自らの労働によって自らを支えなくては、維持できないのである。

JICAはパレスチナなどでも、職業訓練を行っている。日本は事実としてほとんど難民を受け入れられない。その代わりに、難民受け入れ国に対して様々な支援を行い、かつ難民に対して職業訓練を行っている。ある意味で苦し紛れでこういう方法をとったのであるが、あまりに大量の難民が発生するため、日本のような方法がかえって評価されるようになってきた。そしてウガンダでは米作技術を提供して、彼らを支えようとしているわけである。

米作支援の成果

アフリカではかつて主食はメイズ（トウモロコシ）だった。しかし米が急速に普及している。米のほうがおいしいし、栄養価も高い。東アジアで人口が多いのは、米が人を支える力が強いからである。米作の条件である日光はふんだんにある。問題は水であって、どこにでもあるわけではない。しかしこの条件さえクリアできれば、米作は十分可能である。ウガンダでは幸い水がある。

私が行ったのは、アジュマニ県であり、その中のミレイというところで農業技術の習得の現場を見てきた。多くの人が、米の種まきの研修を受けており、きちんと列を作って、一定の間隔で種まきをすることを教わっていた。私も一緒に種をまいてきた。

アフリカではまだ水田は稀で、水田に畔《あぜ》を作るようになれば、そして肥料を使うようになれば、さらに生産性は上がる。アフリカの米はまだ高く、輸入に頼っている段階である。これを自給し、さらに輸出できるようになれば、ずいぶん違ってくるだろう。

日本はかつてアジア種とアフリカ種をかけあわせたネリカ（New Rice for Africa）の開発と普及

に貢献してきた。また、二〇〇八年以来、CARD（Coalition for African Rice Development）という計画によって、アフリカの米の生産の倍増計画に取り組んでいる。日本の伝統とそれを発展させた技術でアフリカの人々、とくに難民の生活を支援できるのは嬉しい。北部ウガンダでは、欧米のプレゼンスは小さい。彼らは中東からの難民問題には熱心に対応するが、ウガンダではそうではないようだ。日本人が、規模は大きくないにせよ、こうした支援を続けることは、大きな意味があるように思う。

ウガンダでの米作研修

北部難民支援現場での米作研修

それにしても難民が米作を行い、自立できるのは、ウガンダの政府や人々が難民を受け入れ、土地を提供してくれるからである。それは、南スーダンと北部ウガンダは、くっきりと部族が分かれているわけではなく、むしろ親戚のようなものであることが、その一因である。内陸国家であり、部族単位の明確な国境が引かれていないことが、ここでは利点となっている。皮肉なものである。かつては、くっきりした国境なしに、多くの部族が緩やかに共存していたのだろう。日本の協力の成果と、アフリカの良さを実感させられる視察だった。

（コラム3）植民地統治の清算——アルジェリア

二〇一四年九月にアルジェリアの首都アルジェを訪れた。前年人質事件があったため、大丈夫ですかと多くの人に聞かれたが、アルジェリアの面積はアフリカ最大で日本の六倍もあり、地中海に面したアルジェは事件の場所からはるかに離れているから、何の問題もなかった。

アルジェリアの印象は、まず、「眩しい」ということ。カミュの代表作『異邦人』には、殺人犯がその動機について「太陽が眩しかったから」と言う有名なセリフがあるが、それが納得できるほど眩しかった。第二に、地中海が何とも言えないほど青くて美しいこと。この二つにつきる。アルジェと言えばカスバである。急な斜面に複雑に入り組んだ路地で出来た神秘と謎に満ちたカスバを有名にしたのは、戦前の映画、『望郷』（一九三七）だった。

そして戦後では『アルジェの戦い』（一九六六）である。爆弾テロを用いて過激化する独立運動を弾圧するために派遣されたマシュー将軍は、過酷な拷問を含む徹底した弾圧によって、いったんは独立運動を鎮圧する。しかし、二年ほどして、突然大運動が再開される。まことに強烈な映画だった。

それから、それを逆の立場から描いて、やはり凄い映画だったのは、『ジャッカルの日』（一九七三）である。アルジェリア独立を認めるドゴール大統領をテロによって倒そうとする反独立派は、プロの暗殺者をやとってドゴール暗殺を企てる。これを防ごうとするフランス警察との戦いの話である。

フランスのアルジェリア支配は実際、一八三〇年から独立まで一三〇年あまりの長きにわたった。一九五〇年代後半からの独立運動では一五〇万人が亡くなったという。独立戦争のさなか、フランスは一九六〇年にサハラ砂漠で核実験を行い、それは独立後の一九六七年まで続いた。独立したのちも、フランスの影響力は大きく、言葉はいまでもフランス語である。

アルジェリアと北アフリカの国々

いかなる植民地統治も好ましいものではない。しかし、フランスのアルジェリア統治や独立運動に対する弾圧と比べれば、日本の朝鮮統治は、はるかに温和だった。

一九六五年の日韓条約締結のとき、日本は無償援助三億ドル、有償援助二億ドル、民間資金援助三億ドルを実施している（当時の韓国政府予算は三・五億ドルだった）。他方でフランスの支援はゼロであった。

日本の資産はすべて放棄された。そしてすべての請求権はこれで消滅としたのだが、今でも従軍慰安婦問題を含む個人補償の主張が、激しくなされている。フランスの過酷な支配を受けたアルジェリアの人々にとって、ちょっと理解できないことだろう。

6　国民スポーツ大会と積極的平和主義――南スーダン

南スーダンはスーダンから分かれて二〇一一年七月に独立した、世界でもっとも若い独立国である。

スーダンは、北部はイスラム教の遊牧民が中心で、南部はキリスト教と土着の宗教がまじりあい、農民が多い。北はむしろエジプトに近く、南はウガンダに近いが、一つの国として一九五六年に独立した。しかし石油資源をめぐる争いもあって、実に四〇年にわたって内戦が続いてきた（それ以外に、北部の中のダルフールでも同様の理由による紛争があったが、今回は触れない）。内戦は二〇〇四年にようやく収束に向かい、二〇〇五年一月、南北包括和平協定が結ばれた。そして六年後に独立のための国民投票を行うことが合意された。

独立、対立の南スーダンで活動

当時日本は、二〇〇五年一月から国連安全保障理事会非常任理事国になることが決まっていて、その少し前から、慣例によりオブザーヴァーとして安保理の非公式論議を傍聴することができた。学者から任命されて間もない国連大使だった私にとって、安保理における議論は初めて見聞きするものだった。南部のスーダン人民解放戦線のリーダー、ジョン・ギャランもやってきた。長身で精悍な偉丈夫だった。

南スーダンと周辺諸国

その後、私は安保理の視察団の一員として、二〇〇六年五月に後の南スーダンの首都となるジュバを訪ねた。緑の制服を着た子供たちが学校に行く様子は楽しそうで、ああ、この国には未来がある、こういう国を支援したいと思った。

南スーダンの独立は、二〇一一年七月に実現した。しかし、その頃には南部の中で対立が激化していた。二〇〇五年に事故でギャランが死亡し（陰謀説もある）、独立が達成されたのちは結束が失われ、元来部族社会であった南部は、大統領派と副大統領派に分かれて対立するようになった。その底流には、部族間の対立があり、家畜をめぐる対立も頻繁に起こっていた。

日本は二〇一一年、UNMISS（国際連合南スーダン共和国ミッション）に自衛隊を派遣して、南スーダンの独立と安定を支援することとした。私は二〇一二年、政府の委嘱で、西田恒夫国連大使（当時）とともに、UNMISSの自衛隊を視察に行った。

UNMISSのリーダーである事務総長特別代表（当時）のヒルデ・ジョンソンの自宅に泊めてもらい、南スーダン情勢を語り合った。

ジュバで印象的だったのは、ナイル川の橋の改築だった。古い橋は老朽化していて、車の台数を制限することでかろうじて機能していた。これを新しい橋に架け替える工事が進んでいた。もう一つはナイル川の河川港の改築だった。南スーダンは内陸国で、ナイル川が一番の物流ルートだった。これらの仕事に独立前から取り組んでいたのがＪＩＣＡだった。

二〇一三年には大規模な衝突が起こり、ＪＩＣＡも避難した。その後ふたたび復帰したＪＩＣＡは、架橋や河川港、給水施設の工事に取り組むとともに、新しい事業を始めた。

スポーツを通じた平和を

二〇一六年一月に首都ジュバで、国民スポーツ大会を開いたのである。スポーツを通じて平和を、という趣旨で、「National Unity Day」と呼ばれた。開会式には副大統領が出席して、「南スーダンの国民はあなたがた日本人のことを絶対に忘れない」と述べた。全国から三五〇名が参加し、サッカーや陸上競技などが行われた。大会は大成功で、「こんな日が来るとは思わなかった」と泣いている選手もいたという。その感激から、オリンピックに行きたいという声があがり、ＪＩＣＡが旅費を支援して、この年に開催されたリオデジャネイロ・オリンピックに選手団が派遣されることになった。

ところがその準備のさなかの七月八日、再びジュバで騒乱が起こった。若い女性職員を含むＪ

オリンピックに参加した南スーダンの選手

ＩＣＡ所員七名と、日本の民間企業の工事関係者など合計九三名は、危険の迫る中で沈着冷静に行動し、三日後にようやく脱出することができた。

とくに感動したのは中堅ゼネコン「大日本土木」の方々で、日本人全員退避という指示が政府から出た時、「フィリピン人やエジプト人などの外国人労働者を抱えているから、彼らを置いては帰れない、われわれも残る」と言われたことだった。この間、その前の週にバングラデシュのテロ事件が起こっていたこともあり、東京のＪＩＣＡ本部も極度に緊張した空気に包まれていた。

ああ、オリンピックは無理だったかな、と思っていたら、事態は安定に向かい、三名の選手（男子一五〇〇メートル、女子二〇〇メートル、男子マラソン）と監督一名は、無事オリンピックに参加した。かつて在外の選手が個人の資格で参加したことはあったが、南スーダンとしてのオリンピック参加はこれが初めてだった。リオのオリンピックでは難民チームが参加して話題となったが、それに次ぐ快挙だったと思う。

自衛隊の「撤退」

その秋、日本で話題になったのは自衛隊の方で、駆けつけ警護と宿舎共同防護の任務付与（二〇一六年一一月）が議論となり、新任務付与は実現されたものの、自衛隊はその半年後、二〇一七年五月には事実上撤退することになった。

南スーダンへの自衛隊派遣については、そもそも反対が少なくなかった。反対論者の中には、南スーダンの石油目当てだとか、安保理常任理事国になるための行動だとか、危険だから参加すべきでないとか言う人がいた。

石油利権とか安保理常任議席という議論は、まったくの筋違いである。全部で一万七〇〇〇人の兵力を有するUNMISSには、中国、韓国を含め十数カ国が参加している。その中に施設部隊を三〇〇人出したところで、石油権益や常任議席が得られるはずがない。荒唐無稽、奇想天外な話である。

危険というのは当然で、危険だからPKO（国連平和維持活動）に参加するのである。市民や他国の部隊を助けに行くために、政府は「駆けつけ警護」などを定めたが、これは危険だという人がいた。しかしPKOにおいては他国の部隊（PKOは原則として多くの国の部隊が参加している）が危険にあった場合には助けに行き、また市民が危険になったら助けに行くのは当然のことである。だから外国には「駆けつけ警護」という概念などなく、救援が可能だという判断がある時に行くのであって、いつでも行くわけではない。その判断はつまるところ、現場の部隊長の責任である。これをすべて法律で定めようというのは、軍事というもののイロハがわかっていない議論である。

カンボジアやルワンダのような小国ですら、UNMISSに部隊を派遣し、市民の保護にあたっている。友人のカンボジアの外交官によれば、かつて日本などのPKOにお世話になったので、国際社会に対してお返しをしたいというのが、カンボジアがPKOを始めた大きな理由だそうである。
要するに日本のUNMISSからの撤退は、決して尊敬されるような行動ではないのである。外交辞令で褒めてくれているが、日本の自衛隊（世界から見ればもちろん軍隊である）はその程度のことしかできないのか、というのが他国の本音である。自衛隊が悪いのではない。自衛隊をそのように縛っている政治（政府、野党、ジャーナリズム、国民の意識を含む）が悪いのである。

南スーダンの女子バレーボールチーム

国民スポーツ大会の開催

ところで二〇一七年一月、二度目の国民スポーツ大会が成功裏に催された。そして翌二〇一八年一月に行われた三度目も成功だった。新しく女子バレーボールが加えられて、女性の参加が増えた。また、スイス政府やUNMISS、さらにいくつかの外国企業がいろいろな形で参加、協力してくれた。しかし何と言っても主役は国民だった。やはり国民は平和を望んでいるのである。

ちなみに、南スーダンには長身の人が多い。とくにディンカ族は長身で、何人もNBA（米プロバスケットボールリーグ）の選手が出ている。マヌート・ボル（一九六二〜二〇一〇）はディンカ族の部族長の息子で、NBAで一〇シーズン活躍した。身長二三一センチでブロックを得意とした。今も現役のNBAの選手が二人いる。日本の高校などからも、バスケットボールの選手のスカウトに行かないかなあと思っている。

「積極的平和主義」の前面に立って

安倍晋三内閣は二〇一三年以来、「積極的平和主義」を唱えている。私が座長を務めた「安全保障と防衛力に関する懇談会」の議論を踏まえて打ち出されたものである。それはとくに大げさなものではなく、世界の平和のためにもう少し前に出よう、ということである。

その内容を言えば、自衛隊の国際平和活動、JICAを中心とする民生支援、そして外交活動の三つをそれぞれ強化することだと、私は考えている。なかには「積極的平和主義とは世界中に自衛隊を展開することだ」などと極端なことを言う人がいるが、現在の国民世論の中で（それこそが政治の決定的な要素である）、そんなことはあるはずがない。

実態は、UNMISSからの自衛隊の撤退に見られたとおりである。したがって、民生支援がさらに重要であり、その前面にいるのがJICAである。

そして第三の外交のフロンティアでは、日本は割合よくやっている。二〇一六年一二月の国連安保理で、アメリカが南スーダンに対する制裁決議案を出した時は、アフリカ諸国と協力して棄権多数に持ち込んだ（賛成九票が必要）。とくにがんばっているのは、手前味噌ながらJICAである。ただ、外交による平和努力もJICAの民生支援も、PKO不参加を正当化する理由にはならないことは付記しておきたい。

二〇一六年の動乱後も、JICA南スーダン事務所は隣国ウガンダの事務所に間借りして活動している。また、ジュバのオフィスにはナショナル・スタッフがいて、彼らと連絡をとって支援を続けている。しかし主なプロジェクトであるナイル架橋、給水施設と河川港は、リモートコントロールではできない。南スーダン政府からは、何度も復帰の要請というより、懇願を受けている。ただ、第三回国民スポーツ大会の時期から、外務省の危険度を示すレベルが引き下げられ、JICAがジュバに復帰する条件は整ってきた。

今回紹介した国民スポーツ大会などは、積極的平和主義の第四分野かもしれない。部族ごとに分かれてしばしば対立した人々が、実は一つの国民であることを発見し、相互理解が相互和解に進む可能性がある。スポーツが平和につながるということは、簡単ではない。平昌オリンピックにおける北朝鮮の平和攻勢は、明らかに独裁国家による政治的な行動である。ジュバのスポーツ大会はそういうものではない。国民が本当に平和を求めている姿が、そこにあった。JICAの活動は、二〇一六年の紛争で中断されたように、賽の河原で石を積むような話ではある。しかし、続けていかなくてはならない。

7　「日本式小学校」の伝統を世界へ——エジプト

二〇一六年二月、エジプトのアブドゥルファッターハ・エルシーシ大統領が来日された。お会いすると、日本式の小学校を導入したいと言われた。「えっ？　日本の小学校では子供たちが掃除をするのですよ」と私が言うと、「それがいいんだ」と言われる。それも一挙に二〇〇校もの小学校を建てたいということだった。何か勘違いからくる過剰な期待でなければいいのだが、と思っていた。

「校長も日本人を」

それから二年たった二〇一八年二月二〇日と二一日、私はエジプトを訪問した。例の件が、日本式教育の普及を支援する新規円借款「エジプト・日本学校支援プログラム（エジプト・日本教育パートナーシップ）」としてまとまり、その貸付契約に調印することが、目的の一つだった。

カイロではすでに実験校がいくつも始まっていて、その一つを見学した。掃除、日直、学級会などを日本から取り入れている。

たとえば学級会では、今月のお誕生会というテーマで議論が行われていた。ちゃんと司会者がいて、「何をしたらいいでしょうか」というと、次々に手があがって、「お菓子を用意する」「花をかざる」というような意見が出される。それに対して、「その費用はどうするの」という疑問を出す子供がいる。「うちにあるものを持ち寄って、なんとかできる」という意見が出る。私の訪問を前に準備してあったとしても、なかなか活発だった。

小学校だと、日本で言えば四月生まれと翌年三月生まれの子では、差が大きい。またどうしても活発な子と、おとなしい子がある。そういうギャップを埋めてみんなに参加させることは、とても難しい。それを、なかなか上手にこなしていた。

それから、日本では当たり前で、外国の小学校にあまりないのは、たとえば、家庭科の時間である。この学校では、女子の家庭科のクラスを見学した。家から持ってきた布で人形を作ったりしていた。体育や音楽の時間もあまりない。これらを少しずつ導入している。音楽の時間は、みんなが一つになって盛り上がる。

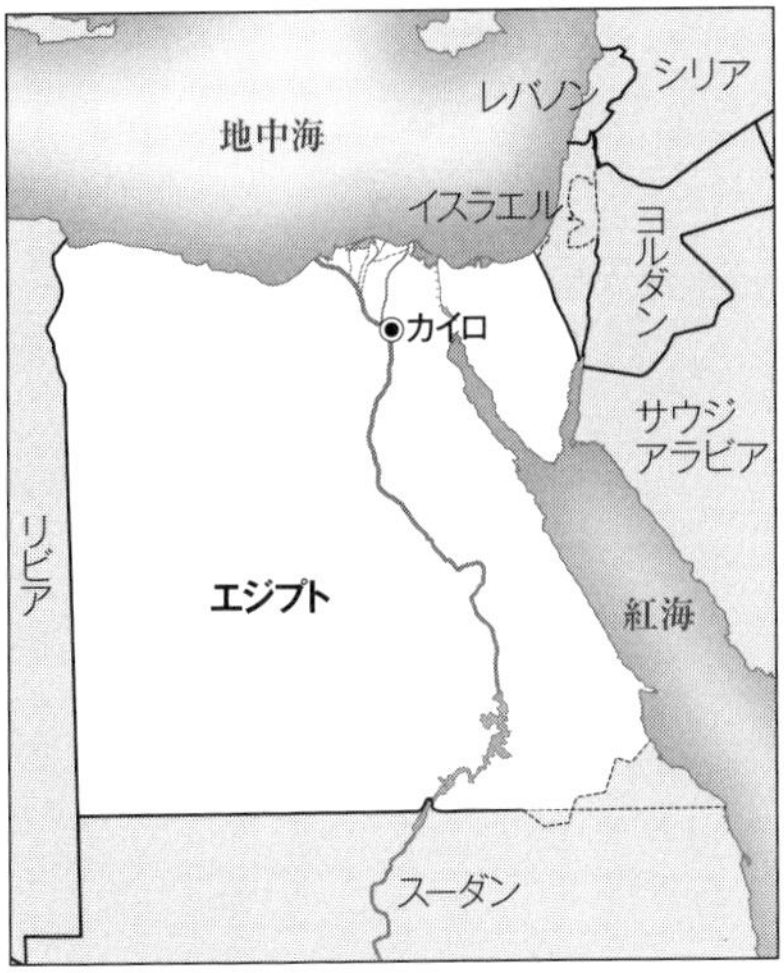

エジプトと周辺国

大統領が一番気に入っているのは、規律ある行動である。日本人はどうしてこんなに礼儀正しく、規律ある行動ができるのか、その秘訣は小学校教育にある、という考えだ。大統領は軍人なので、規律の重要性はよく知っている。規律がなければ軍隊は成り立たない。大統領は私に対して、「こういう学校の校長は日本人でなければだめだ、ぜひ、日本人を出してほしい」と言われた。私は、「ちょっと待ってください。協力は惜しまないが、トップはエジプト人がいいのではないですか。アドバイザーとして、いろんなレベルに日本人を送ることは考えられるが、トップはエジプト人にすべきでしょう」と言った。大統領は、「いや、日本人でなければダメだ。あなたは友達だろう、いますぐイエスと言ってくれ」という具合で、私は三度、大統領に迫られて、なんとか逃げ切った次第である。

初等教育の土台となった武士の文化

エリートも庶民も同じように自分の学ぶ場の掃除をする、というのは日本以外では珍しい。イギリスのオックスフォード大学やケンブリッジ大学には戦後まで、入学するときに従僕を連れてくる学生がいたらしい。

私がアメリカで学んだのはプリンストン大学だが、プリンストンにも黒人街がある。それは、一九世紀に学生が連れて来た奴隷（プリンストンはアイビー・リーグの中では南の方なので、相対的に南部からの学生が多かった）を、卒業とともに解放したのが起源だと言われている。また、戦前の日本の学習院には、御付きの人が待っている建物があった。高等教育の場合ではあるが、エリートは従僕を連れていたのである。

平安貴族が掃除をしたわけではないように、日本人も、昔から誰もが自分のことを自分でしたわけではない。エリートが自分のことを自分でするようになったのは、武士の文化からではないかと私は思う。武士が好んだ禅宗には、そういう習慣がある。近代化が進む中で、これが学校で広まったのではないだろうか。武士道というと日本固有のものと考えやすいが、戦士の倫理というものは世界の多くの国にあり、もちろんアラブにもある。大統領が共感したのはそれではないかと思う。

日本式小学校で掃除をする子供たち

明治時代、日本は教育を初等教育から始めた。義務教育の歴史は世界で一番古い方だ。多くの国は、途上国も含め、高等教育から始める。日本でも小学校を作るのは地元にとってかなりの負担だった。私は奈良県の吉野の出身で、吉野は山林で知られている。したがって、小学校の建物は素晴らしい材木でできていた。広い講堂の掃除は上級生の仕事で、競争するように雑巾掛けをしたものである。
武士の文化に起源を持つ習慣と、江戸時代の寺子屋の普及、そして明治時代の初等教育重視の方針があいまって、日本の小学校教育を作り出したのであろう。

スフィンクスの前のサムライたち

エジプトは重要な国である。二〇〇五年九月、国連創設六〇周年において多くの改革が行われた（その一つで、実現されなかったのが安全保障理事会改革だった）。その交渉は難航を極めた。一九一カ国（当時）もの主権国家が、多くの争点を持つ改革に合意することはほとんど不可能に思えた。一時は決裂かと思って散会したところ、最終日の深夜、ごく少数の国々が集まって協議が行われ、合意が成立した。その国々とは、アメリカとエジプトとパキスタンだった。つまりヨーロッパや日本は、結局アメリカに任せざるをえず、そのアメリカが、途上国の代表であり、かつアメリカとも親しいパキスタン、エジプトと合意することによって、最終決着が図られたのである。

しかし、そうした政治的に重要な位置にありながら、エジプトはパキスタンと同様、発展してこなかった。エリートは欧米の最高水準の教育を受け、高度のインテリだが、一般国民との間には大きなギャップがある。やや誇張して言えば、エジプトやパキスタンの国際政治上の重要な位置は、国民の犠牲の上に成り立っていたと言えるかもしれない。

実際にエジプトは、いろいろな意味で重要な国である。中東の安定は、エジプト抜きにはありえない。この地域の安定は、人口一億人近いエジプト、イラン、トルコの関与なしにはありえない。これらの国々は、そうした役割を果たせるだろうか。また、日本はこれらの国々と基本的に友好関係にあるが、それをどのように活かせるだろうか。

スフィンクスの前にサムライが立ち並ぶ、有名な写真がある。これは一八六四年の第二次遣欧使節団の写真である。その前の六二年に、第一次遣欧使節団がヨーロッパに行っているが、彼ら

スフィンクスとサムライ（アントニオ・ベアト撮影、1864年）

はいずれも中国、インド、エジプトといった古代からの文明の地が、いまやヨーロッパ列強に屈服しているのを目の当たりにして衝撃を受けたのだった。スフィンクスの前に立ったサムライは、こうなってはならぬ、日本の独立を守らなければならぬ、と誓っただろう。日本の近代化への決意は、この写真から始まったと言えないこともないのである。

他方で、エジプト人が日本人のことを強く意識したのは日露戦争のときだった。多くの人がナショナリズムを掻き立てられた。かつて国連事務総長だったエジプト出身のブトロス・ブトロス・ガリは、日本に来るたびに東郷神社と乃木神社にお参りするのを習慣にしていた。

いろいろな意味で、エルシーシ大統領の提案は、一五〇年前の日本を思い出させてくれた。そうした歴史的背景を踏まえて、日本とエジプトの関係が強化され、また、日本の初等教育のよい伝統が世界に広まるのは、嬉しいことである。

8　貧しい国を支援するのはなぜか――ザンビアとマラウイ

二〇一八年八月下旬にアフリカ南部のザンビアとマラウイを訪問した。いずれもかつては英領だったところである。

しかし、その歴史を辿ってみると、イギリスの支配もそれほど古いことではない。南アフリカにヨーロッパ人が移住を始めたのは、まずオランダ人で、一七世紀半ばのことだった。ヨーロッパに風土、気候も似ていたので、馴染みやすかった。彼らはアフリカーナと呼ばれるようになるが、そのあと、一八世紀末にイギリス人がケープタウンにやって来た。ナポレオン戦争のころである。その後、イギリスは勢力を拡大し、第二次ボーア戦争（一八九九～一九〇二）によって南アフリカを支配下に収め、一九一〇年に南アフリカ連邦を成立させた。

セシル・ローズが遺したもの

この間、イギリスの勢力拡大のために活動した人物に、セシル・ローズ（一八五三～一九〇二）

がいる。ローズは一八八九年、植民地経営と経済的利益をめざし、特許を得て南アフリカ会社を設立し、多くの経済権益や領土を獲得していった。そして一八九四年には、南アフリカの北側にイギリス本国の五倍の広さの広大な土地を得て、これを自身の名にちなんで、ローデシアと名付けた。

なお、ローズはオックスフォード大学に巨額の寄付をして、これをアメリカなどからの留学生のために使うように遺言した。これは、内容を変えながら今も残っている。ローズ奨学金といえば、アメリカでもプレスティージの高い奨学金で、ビル・クリントン元米大統領など、多くの著名人がこれによってオックスフォードに留学している。故J・ウィリアム・フルブライト上院議員もローズ・スカラーだったから、フルブライト・プログラムもローズ奨学金の影響を受けたものであろう。その意味で、セシル・ローズはまだ生きているのである。

ザンビアとマラウイ

なお、イギリスのローデシア獲得は、日本の台湾獲得（一八九五）の前年であり、また日本を代表する植民地経営者である後藤新平（一八五七〜一九二九）は、セシル・ローズよりわずかに四歳年少だった。実際のアプローチは随分違うが、後藤はローズのことを意識していた。また後藤は、大正初期、元台湾総督であり元参謀総長であった児玉源太郎を記念して、東京帝国大学に児玉子爵記念植民政策講座を作り、両者と関係の深い新渡戸稲造を教授にしようとしたが、実現されなかった（経済学部の国際経済講座は、その延長上にできたものである）。これもローズと後藤の興味深い共通点である。

さて、戦後、このローデシアがイギリスから独立したとき、北ローデシアが一九六四年にザンビアとして独立したが、南ローデシアは南アフリカ連邦と同じ白人支配を維持して独立を宣言し（一九六五）、その後ジンバブエとなった（一九八〇）。

このうち、ザンビアは豊かな銅の生産で知られており、以前は、南ローデシア経由で輸出されていた。しかし南ローデシアのアパルトヘイトをめぐって、ザンビアと南ローデシアの関係が悪化した。内陸国のザンビアは、輸出のための新しいルートが必要となり、そこに計画されたのが、中国の支援によるタンザン鉄道であった。中国はザンビアとタンザニアに無利子で四億ドルを貸与し、現地人労働者三万人と中国人労働者二万人を動員して、鉄道を完成させた（一九七〇年契約成立、一九七五年完成）。

こういったことを書いたのは、アフリカにおけるアパルトヘイトをめぐる対立や、資源の持つ意味、内陸国としての難しさなどを、ザンビアが体現しているからである。一九七〇年という時点で、まだ貧しかった中国がタンザン鉄道の建設に協力したのは、社会主義の連帯を理由としており、同時に資源の確保を目的としていたことに間違いない。

現在、日本では資源を目的とする中国のアフリカ進出に対して批判が強いが、それは昨今のことではないのである。一方、日本は南アフリカから名誉白人として扱われていたため、他のアフリカ諸国からは決してよく思われてはいなかった。その点で、中国の進出を軽く見てはならないのである。

「資源の呪い」から抜け出すために

さて、ザンビアの面積は約七五万平方キロで、日本の約二倍であり、人口一七〇〇万人ほどである。広く豊かな国土を持ち、アフリカでは珍しいことだが、食料自給率は一五〇%を上回る。また、世界平和度ランキングで一六三カ国中四八位（Global Peace Index 2018）であって、アフリカでも有数の平和な国の一つである。たしかに、これまであまり紛争は起きていない。ザンビアは内陸国なので、land-locked countryと言うのだが、ザンビアの人は、「われわれはland-linked countryだ」と言う。どことも仲良くしている、ということである。

しかしザンビアは、このような良好な基礎条件を、十分利用できていない。一人当たりのGNI（国民総所得）では、ザンビアは世界一八九カ国中一五四位で一三〇〇ドルである（二〇一七、世界銀行）。また平均寿命では、一六二位・六一・九歳（同）で、さらに悪い。銅という資源を、社会に還元し得ていないということであろう。

アフリカについては、よく「資源の呪い」という言葉を使う。資源があると、それを奪い合い（金やダイヤモンドの場合）、あるいはその資源に依存しすぎて他の輸出産業が発達せず、市場価格が下がった時、ひどい打撃を受けることがある。ザンビアも、一貫して銅およびコバルトの輸出に依存し、一九七〇年代後半の銅価格などの低迷に大打撃を受けている。

こういう国にはどういう戦略が可能なのだろうか。また、日本としては、どのように付き合えばよいのだろうか。中国のプレゼンスは相変わらず圧倒的である。日本に何ができるのだろうか。

ザンビア政府はヴィジョン二〇三〇という目標を定め、資源に依存せず、産業を多角化して、繁栄した中進国を目指すとしている。多角化の一つは農業で、まだまだ発展の余地がある。実際スーパーに行くと、南アフリカ産の農産物があふれている。ザンビアが輸出国にならなくてはならない。

しかし、そのためのインフラがなく、エネルギーも足りず、中国からの債務が大きく財政にも余裕がない。今、一番大きな問題は、財政をきちんと処理する能力ではないだろうか。ザンビアからも希望があり、日本でも検討しているのは、財政顧問の派遣である。かつて、日本は一九六〇年代にルワンダ中央銀行に総裁を出し、キルギスでも財政顧問を出して貢献した。日本の財政、金融の専門家の能力は高く、かつ、欧米流の画一的な押し付けをしないので、世界で好評である。これが現在の課題の一つである。

ユニークなプロジェクトを展開

日本がやっている興味深いプロジェクトの一つは、ザンビア大学獣医学部に北海道大学が三〇年もの長きに亘って協力関係を築いていることである。ザンビアで研究し、ザンビアで教え、学生を受け入れて北海道で教えている。北大のイニシアティブはたいしたものである。こうしたユニークな協力関係は、長く続けなければならないだろう。

また変わったところでは、関西ペイントが、マラリア予防のための防蚊剤を含んだペンキを開発して普及させようとしている。私はかつて防蚊剤を練り込んだ繊維で作った蚊帳《かや》（住友化学のオリセットネット）の普及に取り組んだことがある。これは大成功であって、オリセットという名前はアフリカ中に広まり、一時は年間三〇〇万人の生命を救ったと言われた。このペンキはその類であって、狙いは面白い。大きな成功を収めるためには、今後、学校や病院のような公共施設にどれほど取り入れられるかにかかっているように思う。

あとは月並みであるが、若い人材の育成であろう。今、アフリカからはＡＢＥフェローという奨学生を招いている（ＡＢＥというのは、アフリカン・ビジネス・エデュケイションのことである）。アフリカの若者を日本に招いて、日本の大学院で勉強してもらい（基本は英語）、日本企業でインターンをしてもらい、日本とアフリカのビジネスの架け橋になってもらおうというものである。たいへん良いプログラムなのだが、いくつか物足りないところがある。一つは、総理が対外的にコミットした案件なのに、これまで補正予算で手当されてきたことである。したがって補正予算がつかないと、他のところから工面しなくてはいけない。これはなかなか厳しい。

また、ビジネス関係の留学を過度に重視すると、アフリカの経済の現状からして、応募者が少なくなる。アフリカでは政府が依然として大きな役割を担っているので、経済関係の官庁などからもリクルート

ザンビア大学獣医学部

すべきである。この方向で、現在、JICAではプログラムの修正を考えている。

いずれにせよ、ザンビアのような国を一挙に発展させることなど、できるはずがない。できることは、様々なレベルにおける人材育成を中心に、キラリと光る援助をすることだと思う。

本当の「貧しいアフリカ」

一方のマラウイは、ザンビアの東にある。一六世紀半ば、ここにはマラビ王国があって、そこに最初に接触したヨーロッパ人はポルトガル人だった。その後、一八五九年、宣教師であり探検家であったイギリス人デイヴィッド・リヴィングストンは奥地深くまで入り込んだ。さらにイギリスは勢力を伸ばし、一八九三年、イギリス中央アフリカ保護領を設立した。それが、一九〇七年にはニヤサランドないしニヤサランド保護領という名に変わったが、やがて独立運動が起こるようになり、一九六四年に独立した。

マラウイは、面積は日本の三分の一、人口はザンビアとほぼ同じである。一人当たりGNIでは、マラウイは世界一八九カ国中一八八位で三二〇ドルである。日本の一〇〇分の一以下で、一日あたり八八セント（二〇一七、世界銀行）である。

日本の駐マラウイ大使は、元JICAの理事（最初の女性理事）だった柳沢香枝氏である。久しぶりに会えるのを楽しみにしていた。

飛行場から外に出ると、久しぶりに本当のアフリカに来たという感じがする。どこまでも続く赤い土と広い空に感激してしまう。それは、まだ本格的な発展が始まっていないということでもあるのだが。

マラウイは、Warm Heart of Africaという言葉を掲げている。実際、マラウイの人の優しさに触れて、何度もやってくる日本人が少なくない。

JICAの青年海外協力隊も大勢来ている。サブサハラ（サハラ砂漠以南）で一番、ケニアよりもタンザニアよりもガーナよりも多く派遣されている。シニア・ボランティアも含めて、累積で一八〇〇名超の実績は、最も多い派遣先である。なぜマラウイなのかということに、私は少々疑問を持っていた。それに、マラウイは相変わらず貧しい。ということは、我々の支援は、協力隊を含めて成功していないということではないか、と思っていた。

マラウイのカムズ国際空港

しかし、やって来てみて、ここに本当に貧しいアフリカがあると思った。水も電気もないところで日本人が活躍している。彼らにとって、それは人生で大きな経験になるだろうし、また現地の人が日本人は立派だと思ってくれる。それで十分なのではないだろうか。日本では援助といわず、協力という。それは相手の立場に立って貢献しようということである。それだけでなく、協力によって、こちらにも得るところが多いということなのだろう。私も長年大学の教師をしていて、教えることによって学ぶことが多いものだと思うことが少なくない。そういう双方向的な活動が、青年海外協力隊なのかもしれないと、今回は痛感した。

多くの犠牲の先に

マラウイは、青年海外協力隊がもっとも多くの犠牲を出した国でもある。一二名が亡くなっている。JICA事務所では毎年慰霊会を行っているが、理事長の訪問に合わせて、亡くなった方々の写真を設置し、臨時の慰霊会を開催した。一二名の内訳は、二名がマラリア、一〇名が交通事故だった。その中には、休暇に他国へ行った五人が、バスに乗っていて事故にあったとか、帰国直前に遊覧飛行に行って、飛行機が落ちたとか、いろいろな例があった。交通事故が多いこと、それから、休暇中の事故が多いことは、今日の世界的な傾向と同じである。不幸中の幸いは、平成になってからの犠牲者は一名だけということだった。

一二名の方はみな若く、最年長で三〇歳だった。お子さんもなく、ご両親ももう亡くなられた方も多いだろう。JICAでしっかり供養をしなければと思いつつ、手を合わせた。

マラウイにはT字路が多い。しかも、あまり信号がない。あっても停電で点灯していない。そうすると、タイミングを取り損ねて衝突したり、スピードを落とさないで曲がりきれず、車が横転することが少なくない。短期の滞在中に、それらしい事故を何度か見かけた。

なお、付け加えておけば、JICAが協力隊以外に何もしていないわけではない。むしろ、いくつかの効果的なプロジェクトをやっている。一つはカムズ国際空港である。かつて建設した空港は日本の協力（円借款）でできた。建設から三五年以上経過した今、無償資金協力と技術協力で、その拡張工事と管制能力の強化に取り組んでいる。内陸国なので、空港はとくに重要である。

首都のもっとも目につくところで、日本は貢献をしているのである。

もう一つ、教員養成のための大学の建物を建設している。アフリカの弱点の一つは教師の質である。教科書をよく理解しないいまま、丸読みしたり、板書する先生が少なくない。これでは教育の質があがるはずがない。まず先生の質をあげることが大切だ。ということで、教員養成大学の建設を支援している。これなどよい効果をあげていくだろう。

マラウイの青年海外協力隊員の慰霊会

「日本人はいい人」

二つの国を訪れて考えるのは次のようなことである。どちらも貧しい。日本が少々協力しても、簡単に克服はできないだろう。しかし、明らかに改善の効果はあり、感謝はされる。それに加えて、日本はいい国だ、日本人はいい人だと、思ってくれれば十分ではないだろうか。

実はザンビアをＪＩＣＡの理事長が訪ねたのは二一年ぶりだそうである。マラウイに至っては、理事長どころか理事も一度も来たことがなかったという。これではいけないと、大いに反省した。

第三章　遠くて近い中南米——絆を強化するために

中南米は遠い。メキシコを除き、直行便がある国はないし、一度乗り換えて、合計三〇時間かかる国も多い。

しかし中南米には、かつて日本人移民が定着した国が少なくない。その勤勉によって現地の社会に根付き、尊敬される人が多い。これは日本外交にとって大きな資産である。

中南米諸国の多くは民主主義国家であり、環境問題にも熱心である。G20の中にはブラジル、メキシコ、アルゼンチンの三カ国が入っていて、いずれも日本と親しい関係にある。TPP（環太平洋パートナーシップ協定）にも、チリ、ペルー、メキシコが入っており、さらにコロンビアも関心を示している。

中南米諸国は、ヨーロッパに征服された過去を持ちながら、独特の文化を育てている。それは、世界に対する大きな貢献だと言うべきだろう。

日本にとって、重要なパートナーとなる地域なのである。

9 「日系人」を超えた協力関係を築く――ブラジル

二〇一七年二月、アルゼンチンとブラジルに出張した。日本人移住者の支援は、JICA（国際協力機構）の仕事の一つである。アルゼンチンはもちろん、ブラジルも卒業移行国（中進国を超える所得水準の開発途上国）であり、必ずしも途上国というわけではないが、JICAは事務所を置き、移住者支援を含む様々な活動をしている。今回はとくに日本と関係の深いブラジルのことを書いてみたい。

二人の日系ブラジル人

私はこれまでブラジルには一度しか行ったことがないのだが、ブラジルとの縁は一九七三年の秋に始まる。

東大の大学院で博士課程に進んだばかりだった私は、ある先生から、今度、ブラジル政府が、日本専門家を養成したいと考えて二人の日系人を送ってくるので、つきあってほしいと頼まれた。

一人は国際法研究者の二宮正人さん、もう一人は外交官で、エドムンド・フジタさんだった。私はフジタさんの日本語のチューターをすることとなった。

その後、二宮さんは博士号を取得し、帰国してサンパウロ大学の教授になり、また弁護士としても活動しておられる。当時、東大の大学院の法学政治学研究科で博士号をとるのは、とくに外国人にとってはものすごく難しかった。何しろ日本の法律の基礎になった英米仏独の法律のことを調べ上げてから、日本について論じることを期待されていたからである。漢字文化圏である中国、台湾、韓国以外の外国人で博士号をとったのは、二宮さんが最初だったと思う。その後の二宮さんは大活躍で、日本とブラジルとの重要な問題で、二宮さんの世話にならない人はいないくらいだ。

一方のフジタさんは外交官として昇進を続け、アジア局長になり、インドネシア大使、そして韓国の大使になった。ところが、二〇一六年、ガンで亡くなってしまった。ぜひお悔やみに行きたいと思っていた。今回の出張ではサンパウロの二宮さんのご自宅に招かれ、そこにフジタさんの奥さんも来てくれたので、お悔やみを言うことができた。二宮さんは日本にいたのに、私の視察を案内すると言って、わざわざブラジルに戻って、一週間も同行してくれた。

今回の出張では、JICAの現場の仕事を視察するだけでなく、日系人支援を今後どう進めるかという問題意識が根底にあった。かつてはJICAの支援は「移住者」支援であった。まもなく、「日系人」支援となったが、日系人の高齢化や世代交代に伴い、「日系」性は弱まっていく。今後の支援をどうすべきか、という問題である。

日本人移民の歴史

日本人ブラジル移民の歴史は一九〇八年（明治四一年）、第一回契約移民七八一名を乗せた笠戸丸がサントス港に到着したことに始まる。以後、約二六万人の移民がやってきた。現在では日系人は約一九〇万人と言われており、ブラジルの人口の〇・九％に相当するが、日系人の定義がもはや難しく、厳密な数字はわからない。

明治期の日本人移民の主な行き先はアメリカだった。しかし日本人移民排斥が激しくなり、中南米に新たな行き先を求めたわけである。日本人移民は過酷で劣悪な生活環境と労働条件を乗り越えて、ブラジルに定着した。一九三〇年代には、しかし、アメリカの圧力で、日本人に対する圧迫が加わるようになった。戦争が終わったとき、日本は勝ったと信じる「勝ち組」と、敗北を受け入れた「負け組」が対立するという悲劇もあった。しかし移民はまた始まり、定着し、発展した。そして九〇年代から、これまでとは反対にブラジルから日本に労働者としてやってくる日系人が増え、ピークで三〇万人に達した。移民の流れは複雑な様相を呈したのである。

ブラジルと周辺諸国

さて、今回最初に行ったのはサンパウロである。サンパウロ州が日系人の中心である。日系人はサンパウロ州の人口の二・五％だが、同州の最高学府であるサンパウロ大学の学生の一六％は日系人と言われた。それほど教育熱心で優秀だったのである。サンパウロのあとは、サントスで初期の移民の歴史を偲んだ。

そのあとは、ブラジリアに行き、そこから足を延ばして、セラード（ブラジル中央部のサバンナ地帯）開発の一端を見にいった。これは、ブラジルの広大な原野を開発し、世界最大の大豆生産地に変えた大事業で、世界でも二〇世紀農業の記念碑的成功と言われている。

日系人が活躍するアマゾンの学校、病院、農園

それからアマゾンに行った。アマゾンは、長さでは世界一、あるいはナイル川に次いで僅差の二位らしいが、流域面積は圧倒的な一位で、第二位のコンゴ川の二倍近くある。河口の幅は約三〇〇キロないし五〇〇キロ（東京から名古屋あるいは大阪）、河口にある中州は九州より大きい。アマゾンの流量は、全世界の河川の二五％、森林、地下水、湿原などを含めると、アマゾン流域にある水の量は、世界の河川の流域の水の合計の三分の二だという。ともかく想像を絶する巨大な河川である。

その河口に、ベレンという町がある。州都で人口は約一四三万人、日本人と日系人があわせて三〇〇〇人ほどだという。昔はゴムで栄えたところで、一八七八年にオペラ・ハウスが建てられて、今もある。こんな遠くにヨーロッパからオペラを呼んできたのだから、とてつもない富があったのだろう（なお、一五〇〇キロさかのぼったマナウスには、一八九六年に完成したオペラ・ハウスが

あり、アルゼンチンのブエノスアイレスには、一八五七年完成の有名なオペラ・ハウス、テアトロ・コロンがある。南米は本当に豊かなところだったのである)。

また、ベレンでは、アマゾニア日伯援護協会が運営するアマゾニア病院を訪ねた。医療分野における日系人の貢献は素晴らしい。医学は国境や人種を超える。日系人に医者になる人が多いのはそういうわけでもある。この分野のリーダーであるユージ・イクタ先生は、何度も日本にきて勉強された方で、やはり卓抜なリーダーシップの持ち主である。ベレンでは越知学園という私立の学校(幼児教育から中学生まで)を訪問した。ここではポルトガル語とスペイン語と英語と日本語を教えている。特色は日本の躾である。生徒は七割が非日系人である。授業料は安くないが、あの学校へいけばよい躾が身につけられるというので、信頼は絶大である。学園長の越知恭子先生のリーダーシップはたいしたものだと思う。この学校に、JICAはボランティアを派遣している。とても効果的である。

ブラジル・ベレンにある越知学園

さらにベレンから一二〇キロ離れたトメアスというところへ、ヘリコプターで行った。トメアスは、日本人が切り開いたところで、最初にやってきたのは一八九名、一九二九年のことだった。これほど離れたところに、よくやってきたものだと感嘆してしまう。当時は胡椒、最近はアサイーが人気で、農業、アグリビジネスで繁栄している。コミュニティの自治も、立派なものである。お世話になった日系のお家では、最近お嬢さんが日本に研修に行って、帰ったばかりで、一家はその話で盛り上がっていた。

多くの日系の方とお会いして、多大の苦難を乗り越えて立派に成功しておられることを嬉しく思うとともに、日本に対して語られる期待や賛辞に対し、我々はそれほど誇りうる日本を作り上げているだろうかと自問せざるを得なかった。自分の祖国はこんなに素晴らしいと、彼らがためらいなく言えるような、立派な日本を作っていかなければならないと、つくづく思った次第である。

絆を強化していくために

日系人とこれからどうかかわるべきか、私は次のように考えている。移住者であろうが、日系の二世、三世であろうが、「日系」性が弱まっていてもいなくても、そこに、日本に連なり、日本に好意を持つ多くの人がいるのである。ならば、日本人だろうがブラジル人だろうが、彼らを支援し、彼らと日本との絆を強化するべきだと思う。

ドナルド・キーン、ラモス瑠偉、C・W・ニコルなどといった人々は、いずれも日本国籍を取得しているが、かりに日本国籍を持っていなくても、日本人以上に日本人である。それと同様に、日本に関心と好意を持つブラジル人はみな日本人だと思えばいいのである。

その際には、彼らを日本に招き、また日本から人を派遣すること、つまり人的交流が何よりも重要だと思う。

ただ、現状では足りない部分もある。たとえば、ブラジルの外交官の地位は大変高いのだが、フジタさんまで、日系人で合格者がいなかった。そして彼のあと、一五年間いなかったという。また、二宮さんの後継者のような人が出ていない。こうした鍵となるような人材を戦略的に養成することを、真剣に検討すべきだろう。実は私も四十数年前、ブラジルのように日本と縁の深い国が、これから日本専門家を養成するのは変だなと思ったことがある。その欠点は、必ずしも克服されていないのである。

もう一つ、研究交流も必要である。ブラジルにも、日本研究学会のようなものはあるのだが、それほど活発ではない。

アメリカには多くの大学に日本研究講座がある。これを飛躍的に増やしたのは、田中角栄首相時代のことであって、一〇大学に相当の金額を寄付して、日本研究を支援した。一流大学で立派な先生が日本について正しい知識を教えてくれるほどありがたいことはない。古くはエドウィン・ライシャワー、マリウス・ジャンセン、近くはエズラ・ヴォーゲル、ジェラルド・カーチスなどの教授の貢献は計りしれない。ブラジルにも、本格的な日本研究センターとか日本関係講座がほしいものだ。

サントス市に建つ日本移民のモニュメント

私は国連大使時代、国連安全保障理事会改革に取り組んだ。ドイツ、インド、ブラジルとG4を結成して、運動を推進した。成果は出なかったが、この四カ国、そして共同提案国三二カ国は、緊密なパートナーシップを組んで、頻繁に集まって協議した。その結束の結果、安保理改革以外の外交でも、いろいろなことがとてもやりやすくなった。ドイツ、インドと比べるとブラジルは忘れられやすいし、現在、経済的には不調である。しかし、あれほどの潜在力を持つ国である。この国との協力関係を深めない手はない。そしてそのための絆を、われわれは十分に持っているのである。

10 インフラ整備で大国の統合を支援する——コロンビア

二〇一八年一一月、南米のコロンビアを訪れた。南アメリカ大陸の一番北の端にあり、東にベネズエラ、南西にエクアドル、南にペルー、南東にブラジルと接している。南米の中でもっとも中米に近く、カリブ海と太平洋に面している。

コロンビアは面積が約一一四万平方キロで日本の約三倍、人口は約五〇〇〇万人である。五〇〇〇万人というのは、南北アメリカ大陸の中で、アメリカ合衆国とブラジル（約二億一〇〇〇万人）、メキシコ（約一億三〇〇〇万人）に次ぐ。かなり大きな国なのである。

しかし、コロンビアは日本人の視野に滅多に入ってこない。私は長年、近代日本の外交史を講義してきたが、その中でコロンビアという国が登場するのは、一度だけだった。すなわち、アメリカのセオドア・ローズヴェルト大統領が、当時コロンビア領だったパナマに運河を造ろうとしたところ、コロンビアの同意が得られなかった。そこでローズヴェルト大統領は、パナマ地域の住民を扇動して独立させ、独立国パナマと運河に関する協定を結んだ。一九〇三年のことである。

これは、ヨーロッパの帝国主義に背を向けて独立したはずのアメリカが、みずから帝国主義の歩みを始めた重要な事件として知られている。それはまた、アメリカが太平洋国家として台頭したという点でも重要な事件であって、日本の中でも、アメリカの動向に神経を尖らせていた海軍関係者などは、強い関心を持っていた。

日本とコロンビアの間に修好通商航海条約が結ばれたのは、それから五年後の一九〇八年だった。そして日本人移民も行くようになり、合計二〇〇〇名ほどが定着している。日本が敗戦後、食糧事情に苦しんでいたとき、日本人移民の方々から米が送られたこともあった。

長く続いたゲリラ活動と犯罪

今回、私がコロンビアに行きたいと思ったのは、二〇一六年、半世紀に及ぶコロンビアの内戦に関して和平合意が成立したからである。この業績で、ファン・マヌエル・サントス大統領はノーベル平和賞を与えられた。この和平の実態を見てみたい、また、日本は平和の定着のため、どのような協力ができるか、考えたいと思った。

内戦の歴史を少し振り返ってみたい。

コロンビアではキューバ革命（一九五九）の影響を受けた左派勢力が、大地主、資本家を批判して台頭し、急進化していった。そしてゲリラ活動が活発化し、一九六四年にはコロンビア革命軍（ＦＡＲＣ）が発足した。また、それ以外の左派の軍事組織もあり、同時に右派の軍事組織もあった。

さらに、巨大犯罪組織があった。カリ・カルテル、メデジン・カルテルは、組織のありかたなどは違うが、いずれも麻薬を取り扱って巨大な富を築き、多数の飛行機や独自の軍事組織を持ち、銀行を持ち、麻薬以外にも、宝石の加工や販売、それに誘拐ビジネスも有力な資金源にしていた。

麻薬の行き先はもちろんアメリカで、アメリカはある時点からその撲滅に乗り出し、メデジン・カルテルは、戦った末、壊滅した。犠牲者は二万人に及ぶと言われている。カリ・カルテルは大組織でなく、分散型の組織で政府との対立を避けてきたが、やはり弱体化した。しかし誘拐ビジネスなどはまだあって、民衆には相当の脅威となっている。

そしてアルバロ・ウリベ大統領は二〇〇六年頃から左派ゲリラの掃討に乗り出し、その上で、二〇一〇年頃から、和平交渉をはじめた。それが、サントス大統領の時代になって、ようやくまとまってきたわけである。

コロンビアとその周辺

国土にも阻まれた「和平」への遠い道

マックス・ヴェーバーに従って、国家とは暴力を正統的に独占する機関であるとすれば、コロンビアは最近まで国家ではなかったと言っても過言ではない。

このように長く内戦が続いた理由の一つは、地形である。コロンビアはアンデス山脈の北の端にあたる。ここでアンデスは三つに分かれ、東、中央、西の三つの山脈がほぼ平行に南北に走っている。なお、首都のボゴタは東の山脈にあり、海抜二六〇〇メートルほどある。階段を登ると息が切れるし、夜は睡眠が浅くなって、深い眠りは難しい。

この東の山脈上を南北に走る交通路はある。中央と西についても同じである。しかし、東西間の移動が難しい。ボゴタから相当なところまで下りていき、また登ることになる。そういう交通路はあまり発達していない。実はコロンビアにはほとんど鉄道がない。

また、国土の南東部はアマゾンのジャングルである。このあたりの州の州都へは、飛行機でしか行けないところがある。要するに国土が分断されている。これがゲリラや犯罪組織の横行が長く続いた原因である。

ところで、和平というのはまことに難しい。反政府勢力に一定の利益を与えなければ、和平は実現しない。しかし、反政府派に親兄弟を殺されたものもいる。反政府派に利益を与えるなどとんでもない、厳しく処罰すべきだと考える人が多い。和平の条件には、ゲリラに一定の待遇（たとえば住居の支給）をすることが含まれている。自分たちより大きい家を与えることに納得できない人が多い。しかし、厳しい態度ばかりでは、反政府派は歩み寄らない。

二〇一六年、サントス大統領は反政府勢力と和平合意を結んだ。これを国民投票にかけたところ、敗れてしまった。それで、今度は和平合意の内容を修正して議会にかけ、多数の支持を得て決定した。

しかしその後、二〇一八年六月の大統領選挙で和平合意見直しを唱えるイバン・ドゥケ候補が五四％の得票で当選した。新大統領は、合意を粉々にはしない、しかし正義も必要だという意見である。

「地雷除去」と「一村一品」

次の課題の一つは地雷除去である。

ゲリラや犯罪組織はある地域を占拠すると、そこに他人が入らないように手を打つ。それが地雷である。コロンビアには地雷が無数に撒かれている。これを除去しないと安心して仕事ができない。和平のニュースを聞いたとき、最初に考えたのは地雷除去のことであった。日本はカンボジアで長年地雷除去に取り組み、また専門家を育ててきた。カンボジアと組んで三角協力はできないかと考えたのだった。日本のPKO（国連平和維持活動）は、南スーダンから引き揚げたあと、事実上ゼロである。せめて地雷除去くらいは協力しなければと思ったのである。

地雷除去センターでの訓練

ボゴタから飛行機で二〇分ほどの、トレマイダ軍事基地・国際地雷除去センターに案内してもらった。さほど遠いわけではないが、さきほど述べたような地形のため、車だと何時間もかかるのである。

地雷除去には三つの方法がある。その第一は、人間によるもので、少しずつ、辛抱強い手作業で地雷を発見し、取り除いていく。第二は地雷探知犬によるものである。犬に地雷の匂いを教えるのは難しいが、教えることさえできれば、かならず発見できるそうだ。犬が発見できない地雷はないと、案内してくれた専門家は話してくれた。犬は人間より軽量であり、かつ体重が四本足に分散するので、地雷の犠牲になることはほとんどない。犬の訓練現場や、作業現場も見せてもらった。仕事から引退した犬は、また別のところに引き取られるそうである。

第三は機械によるもので、ブルドーザーのようなもので地雷を破壊していく。これは日本製の機械であった。

このセンターには、多くの地雷の現物を展示している博物館があった。その地雷は、ペットボトルとかコーラの缶など、ありふれたものを材料に作ったものが大部分だった。かつてアフガニスタンの地雷を見たことがあったが、そちらは本格的なものがほとんどだった。コロンビアではまったく違っていた。

ＪＩＣＡは、この地雷除去センターの人々を、日本とカンボジアに招き、地雷除去の手法について学んでもらっている。

それ以外にも、ＪＩＣＡはいろいろなことをしている。たとえば、ある専門家は、かつて土地を追われた住民の帰還や定着を助けるために働いている。また、地雷などで体が不自由になった方の社会復帰を手助けしている専門家や、一村一品運動（村がそれぞれ一つの特産品を開発する運動）を支援している専門家もいる。コロンビアで一村一品運動と言うと不思議に思われるかもしれないが、一村一品運動は、実はコミュニティ作りだといってもいい。参加者の多くは女性で、根気の必要な仕事をコツコツこなしてくれる。そして女性の手元には子供の教育費や、あるいは彼女たちの自由になるお金が、少額でも入ってくる。それは女性を自由にする。

いずれも、規模は小さいがたしかに役に立つ仕事であり、かつ、先方から感謝される仕事である。遠い日本からやってきて、地味な仕事に取り組んでくれる。日本に対する好感や尊敬を獲得するために、大きな役割を担ってくれている。

知日派も多く親近感

ところで、コロンビアは国家の体をなしていないようなところもあったが、犯罪率は低まり、非凶悪化している。人口一〇万人あたりの殺人件数という統計があるが、コロンビアは二〇〇〇年頃には六六人程度で、世界最悪だった。しかし二〇一六年には二六人程度となり、悪い方から一六番目となっている。そして、まずまずの経済成長を示している。アジアとの関係を重視し、韓国とFTA（自由貿易協定）を結び、TPP（環太平洋パートナーシップ協定）にも関心を示している。先に述べた通り、太平洋にも面していることから、コロンビアは太平洋国家だという意識があるのだろう。

政府内部には知日派が多い。カルロス・オルメス・トゥルヒージョ外務大臣は元駐日大使の子息で、日本に六年滞在し、神戸大学で勉強したのち上智大学で修士号を取得した経歴を持つ。われわれ日本人に対しては、日本式に深々とお辞儀をして、「今日は何語で話しますか。日本語、英語、それともスペイン語？」という具合だった。

また、コロンビアを代表するロス・アンデス大学には、日本語コースがあるのみならず、日本文化・経済・学術センターが建設中だというので、見にいってきた。これがなかなか素敵な建物であった。機能本位でなく、おしゃれな建物なのである。

町自体もセンスのいい町で、その中のシモン・ボリーバル・メトロポリタン公園の設計にJICA専門家として日本人が関与しているというのも嬉しい。

ボテロの作品

旧市街の歴史地区には、黄金博物館があって、古代以来の多くの黄金の財宝を展示していて、見応えがある。そのまた近くには、ボテロ美術館がある。太った人物の絵で知られる、南米一の著名な画家フェルナンド・ボテロの美術館である。この絵には、何か人を幸せにさせるようなものがある。文学では、ガルシア・マルケスが有名である。私は全体にとても良い印象を持った。

ただ、コロンビアの地理的分断はまだまだ続いている。インフラが圧倒的に足りない。日本が協力して、国土の統合を進めれば、経済発展は加速されるだろう。そうなれば、中南米において、ブラジル、メキシコと並ぶ重要なパートナーとして付き合えるのではないかと思う。

第四章　「海洋の自由」と南太平洋——親密な関係を維持できるか

太平洋島嶼国は、ミクロネシア、メラネシア、ポリネシアに分けられ、ミクロネシアにはパラオ共和国、ミクロネシア連邦、マーシャル諸島共和国、キリバス共和国、ナウル共和国の五カ国、メラネシアにはパプアニューギニア独立国、ソロモン諸島、フィジー共和国、バヌアツ共和国の四カ国、ポリネシアにはサモア独立国、トンガ王国、クック諸島、ツバル、ニウエの五カ国が含まれる。

日本は第一次大戦後、パラオ、ミクロネシア、マーシャルを国際連盟の委任統治領として統治していた。また第二次大戦中には、パプアニューギニア、ソロモンなどにおいて激しい戦闘が行われた。太平洋島嶼国は、日本の歴史の重要な一部を構成している。

そういう背景もあって、日本は三年に一度、太平洋・島サミットを開催し、これらの国々（およびいくつかの関係国）を日本に招いて、対話を深めている。

これらはパプアニューギニアを除けば、いずれも小国で、人口一万人以下の国もある。しかし、その管理海域（領海および排他的経済水域）は広大で、一四カ国合計で約二〇〇〇万平方キロにも及ぶ。これは、世界全体の管理海域の約七分の一を占め、単独国としては世界最大の米国の約二倍、日本の約五倍もの規模である。

また、気候変動に影響を受けやすいため、地球温暖化問題などについて近年発言力を増しており、水産資源の維持の点からも重要な国々である。

11　ラバウルで信頼を得た今村均――パプアニューギニア

二〇一六年一一月、南太平洋の三つの島嶼国を訪問した。最初に行ったのはパプアニューギニア（ニューギニア島と第二の島であるニューブリテン島）、それからソロモン諸島（ガダルカナル島）、最後にバヌアツに行った。このうち、パプアニューギニアとソロモン諸島は太平洋戦争の激戦地として知られている。

南太平洋の激戦地

一九四一年一二月、真珠湾で大きな戦果をあげた日本は、さらに四二年一月、ニューブリテン島のラバウルを制圧し、ここに基地を作った。そしてその周辺を固めるため、三月、パプアニューギニアの東北部のサラモアとラエに上陸した。

その後、日本海軍としてはインド方面に進むか、米豪の連携を断つために南太平洋方面に進むか、意見が分かれたが、後者が選ばれ、パプアニューギニアの首都ポートモレスビーの攻略をめざすこととなった。ところが、五月上旬に珊瑚海海戦が行われ、勝敗はほぼ互角だったが、日本はポートモレスビー攻略という目的を達成できなかった。

その結果、七月、日本軍は陸路による攻撃を開始した。しかし、オーウェンスタンレー山脈（四〇〇〇メートルに達する）を縫う山道の行軍は困難を極め、豪州軍の抵抗も激しく、九月上旬、作戦は行き詰まり、後退を開始した。悪戦苦闘の末、一九四三年一月、日本軍は全滅した。投入兵力は六五〇〇人でほぼ全滅、米豪軍は二万人で戦死は二〇〇〇人と言われている。

「餓島」と呼ばれたガダルカナル

他方で、日本軍は一九四二年七月、ラバウルの東一〇〇〇キロのガダルカナルに進出し、飛行場を建設した。米軍の反撃は一九四三年と予想してわずかな兵力しか置いていなかったところ、八月には米軍の反撃が始まった。米軍は果敢な攻撃で飛行場を奪取し、これを強引に強化しようとした。これに対して日本側は飛行場を取り戻そうと、繰り返し夜襲による突撃を試みたが成功せず、兵力増強も逐次投入で、失敗に終わった。他方でアメリカの戦力は増強され、ソロモン海の海戦においてもまず制空権が失われ、ついで制海権も失われて、絶望的な戦いとなった。輸送船は撃沈され、駆逐艦による輸送や潜水艦による輸送まで行わざるを得なかった。

結局、一九四三年二月の撤退まで日本側の兵力は総員三万六〇〇〇人、うち戦死など二万二〇〇〇人という惨憺たる結果だった。一方で、アメリカなど連合国は総員六万人、戦死は七〇〇〇人弱で、これもかなりの損耗であった。とくにガダルカナルを悲惨なものとしたのは、補給が途

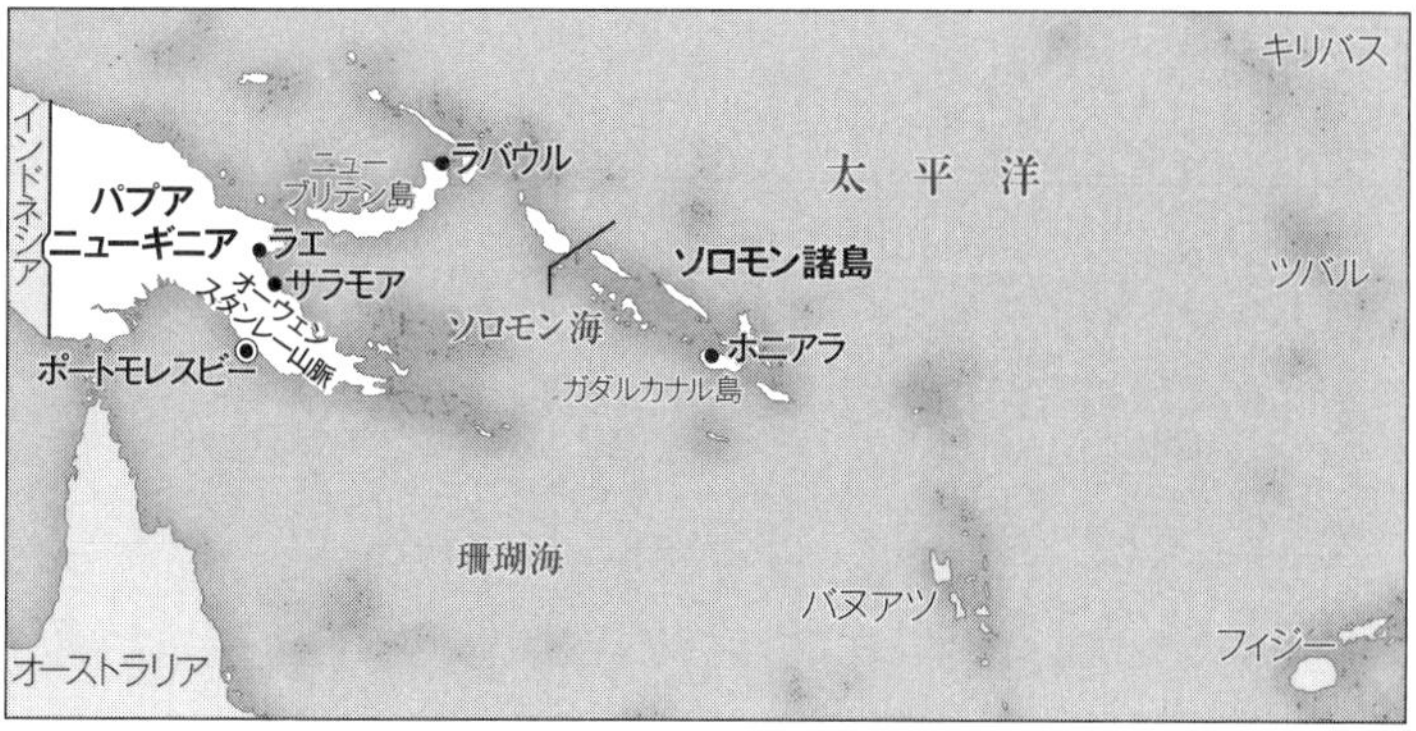

パプアニューギニアとソロモン諸島

絶し、餓死、病死が続出したことである。餓島と言われたこともある。戦死者のうち、事実は戦死五〇〇〇、餓死・病死一万五〇〇〇と言われている。

私はかつて日米両軍が激しく争ったホニアラ国際空港（日本軍設営当時はルンガ飛行場、米軍支配下ではヘンダーソン飛行場）の管制塔の近くに立ち、一木支隊や川口支隊が攻撃してきた方向を見ることができた。低い山勝ちの地形で、満足な武器もなく、情報もなく、あのあたりに潜んでいたのかと、暗澹たる気分になった。また海岸には輸送船の残骸がなお残っており、その近くに慰霊碑があって、「ソロモンにつづくこの海凪ぎわたる　かもめとなりて還れ弟」という兵士の姉の悲痛な歌が刻まれていた。

今村司令官の活躍

さて、悲惨な南太平洋戦線の一つの慰めは、今村均（一八八六〜一九六八）の存在である。今村は、開戦とともに、第一六軍司令官としてジャワ作戦を指導して成功を収め、ジャワにおいては、スカルノやハッタなどの独立運動家を釈放し、オランダ人に対してもインドネシア人に対しても寛大な政策を敷いた。東京から強圧的な政策をとるよう指示があったときも、これに抵抗している。

今村は一九四二年一一月、第八方面軍の司令官に任ぜられ、いったん東京に戻って天皇から命を受けたのち、同月二〇日、ラバウルに着任した。

すでに退勢は覆い難かったが、今村はただちにガダルカナルの将兵の救出に取り組み、餓死寸前だった一万名を救出することに成功した。ほとんど奇跡であった。

また今村は、ラバウルにおける弱点は食糧補給にあることをただちに理解し、食糧自給の方法を研究させ、農地を切り開き、耕作させた。また地下要塞を作り、兵士の居住空間のみならず、病院、兵器や弾薬を製造する工廠、それに小型の艦船を収容する場所まで備えさせた。米軍は、ラバウルを攻撃するのはリスクが大きいと考え、結局、ラバウルを回避して、進軍を続けたのである。

敗戦後の今村の生き方

敗戦後、オーストラリアは今村を死刑にしようとしたが、理由が見つからず、かつ、住民も今村を慕って、これに反対した。結局、一九五〇年、禁錮一〇年とされ（ジャワ時代に関するオランダ軍による裁判では無罪とされた）、巣鴨プリズンで服役することになったが、今村は部下が南方の劣悪な環境で苦しんでいるときに自分だけ東京で収監されるのは耐えられないとして、南方で服役したいとマッカーサーに直訴した。マッカーサーは、初めて武士道精神の持ち主に会ったと、これを激賞し、ただちに今村をパプアニューギニアのマヌス島の監獄に送った。今村はこの間、部下が冤罪の疑いをかけられたときは進んで弁護し、虐待には抗議し、積極的に司令官としての仕事を果たした。

刑期を終えた今村は、終生、世にでることなく、逼塞して年金生活を送った。そして、二冊の充実した回想録を残した(『私記・一軍人六十年の哀歓』正続、芙蓉書房、一九七〇・七一年)。私が軍の研究を始めたころ読んで感銘を受けた本である。

私はラバウルで今村の命によって掘られた洞窟を歩くことができた。中にはまだいろいろなものが残っていたが、目を引いたのは薬のビンで、よく見ると「わかもと」という字が読めた。たしかに、下痢をすると生命にかかわる。こういう薬を大事にしたのだろう。

今村均

ラバウルには、また山本バンカーというところがある。山本五十六がしばらく滞在し、会議を開いたところである。今村と山本は親しく、懐かしい時間をそこで過ごしたらしい。そして山本は一九四三年四月、視察飛行に出て、撃墜された。

ラバウルには火山があって、今も火を噴いている。桜島と錦江湾の景色によく似ていた。錦江湾といえば、山本が真珠湾攻撃の訓練をしたところである。山本はそこで何を思ったのだろうか。

日本軍の失敗の本質

日本軍は、ポートモレスビー作戦では、豪米軍の力をあなどり、また地形などに不案内なまま作戦を強行してしまった。ポートモレスビーでは、フィリピンから逃れたマッカーサーが陣頭指揮をしており、オーウェンスタンレー山脈がどれほど地形も気候もひどいところか、詳しく書き記している（『マッカーサー大戦回顧録』中公文庫、二〇一四年）。

ガダルカナルでは、米軍にも苦しいときがあったが、彼らは飛行場を奪取し、これをただちに使えるようにして、そのための機材を輸送することに全力をあげた。飛行場を奪取し、再建する米軍の能力のすごさは、最近では二〇一一年の東日本大震災における仙台空港復旧に示された。復興には輸送の拠点が必要だと理解し、仙台空港を驚くほどのスピードで再建してみせた。

他方で、日本軍は不十分な補給、兵力の逐次投入、海戦においても敵の輸送船の破壊よりも戦艦の破壊を重視するなど、戦闘目的の理解でも不徹底だった。ただヘンダーソン飛行場の奪回のため突撃を繰り返し、食料もなく山野を逃げ回った兵士は哀れとしか言いようがない。ソロモン海の海戦にしても、重点の置きどころが米軍は合理的だった。日本側は戦闘の目的が何であるか、正確な理解が共有されていなかった。

ポートモレスビーかガダルカナルか、どちらかに集中していれば、一つは取れたかもしれない。いや、それ以上に、一九四二年六月にはミッドウエイの敗戦が起こっており、そこで大規模な戦略の転換がなされるべきだった。制空権、制海権が危うくなっているときに、遠く離れたソロモンに大兵力を展開することが適切だったのか。ポートモレスビーで困難な作戦を遂行することが適切だったのか。最初は接戦でも、敵は補給ができるが、日本にはできない。

いろいろな意味で、一九四二年には、ミッドウエイ、ポートモレスビー、ガダルカナルと失敗が続いた。そこで、政略、戦略を転換することが必要だった。

こうした島々で、ＪＩＣＡ（国際協力機構）は政府開発援助を続けている。青年海外協力隊やシニア・ボランティアも活躍している。全部が成功というわけではないかもしれないが、地域に入り込んで活動し、住民の信頼を獲得することに成功している。戦争で勝ち得なかったものを、今、平和のうちに勝ち取りつつある。この流れをさらに進めて行かなければならないと思う。

12　南太平洋と海洋国家日本──フィジーとサモア

二〇一八年四月にフィジーとサモアを訪問した。五月一八～一九日に福島県いわき市で「第八回太平洋・島サミット」が開かれたのだが、その準備のために行ったものである。私にとって太平洋島嶼国の視察は、二〇一六年のパプアニューギニア、ソロモン諸島、バヌアツ訪問に続くものだった。

太平洋島嶼国では、パプアニューギニアが人口約八〇〇万で最大、フィジーが二番目で、人口約九〇万である。以下、ソロモン諸島が約六〇万、バヌアツが約二七万、サモアは約二〇万で、第五位である。なお、人口の少ない方で言うと、一九七四年に独立したニウエという国が約一五〇〇人、さすがに国連に加盟はしていないし、承認している国は少ないが、日本は二〇一五年に承認している。それからナウルとツバルがそれぞれ約一万人で、日本の平均的な町くらいだろうか。

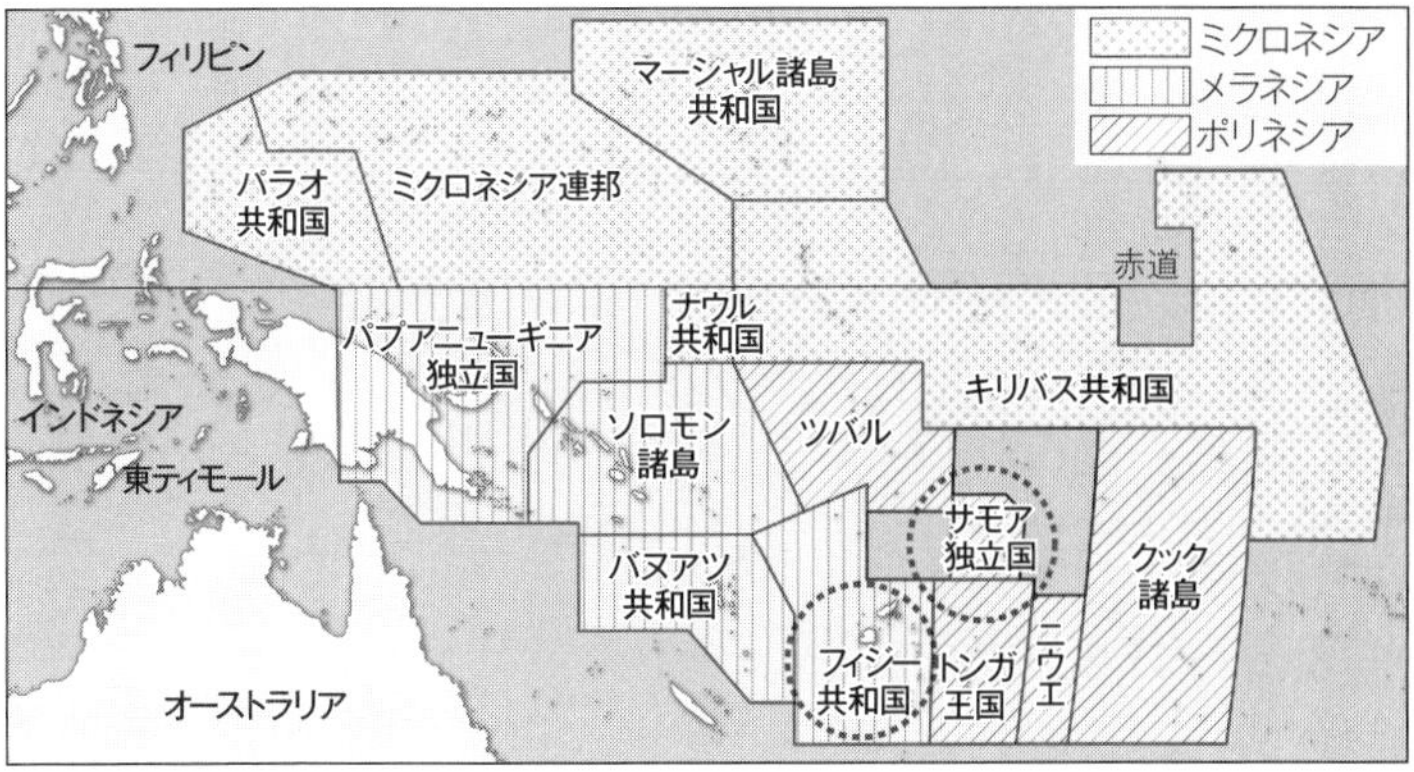

南太平洋の島嶼国

良好だった太平洋島嶼国との関係

二〇〇四年から〇六年にかけて国連大使を務めていたとき、一、二カ月に一度、アジア大洋州諸国の次席代表が集まる会合があった。東アジアの国々はかなり知っていたし、また南アジアの国々もある程度知っていたが、中央アジア（ウズベキスタン、カザフスタン、トルクメニスタン、キルギス、タジキスタン）および太平洋島嶼国とは馴染みが薄かったので、この地域の外交官と知り合う良い機会だった。

国連加盟国はほぼすべてニューヨークに国連代表部を置いており、首席は大使（常駐代表と言う）で、大きな国では次席も三席も大使だが、小さな国では次席は公使あるいは参事官のこともある。現在、東京にいるサモアの女性大使ファアラヴァアウ・ペリナ・ジャクリーン・シラ・ツアラウレレイ氏は、当時の次席公使だった。また、ツバルのエネレ・ソポアガ首相は、五月の島サミットで会ってお互いに思い出したのだが、当時のツバルの常駐代表だった。

太平洋島嶼国の外交官は概して物静かで、にこやかで、親日的だった。日本がドイツ、インド、ブラジルとともに安保理改革を進めていたときも、一国をのぞいて、だいたいわれわれの案を支持してくれていた。日本とともに太平洋で影響力が強かったのは、ミクロネシアではアメリカ、メラネシアとポリネシアではオーストラリアとニュージーランドで、いずれも日本の同盟国ないし友好国だったため、日本と太平洋島嶼国との関係はきわめて良好だった。

今では事情は違っている。地球温暖化問題が深刻になるにつれて、小島嶼国は自己主張を強めている。いくつかの国は沈んでしまうかもしれないので、当然のことである。

もう一つは中国の影響力の増大である。中国は海洋大国への歩みを速めている。かつて、中国の軍高官はアメリカの軍高官に対し、太平洋は広いから、東半分はアメリカ、西半分は中国が責任を持つようにしようと提案したことがある。公海はすべての国に開かれており、それを律するのは国際法である。中国軍高官が言うような形になれば、日本を含む太平洋西半分の国々が中国の支配下に入ることになる。冗談にしても看過できない発言であった。こういうときにアメリカがきちんと反論しないことは困ったことであった。

フィジーへの進出著しい中国

フィジーでもＪＩＣＡはいろいろな支援をしている。たとえば気象観測システムの整備に力を入れている。途上国支援は、相手側にもある程度の能力がないとうまくいかない。しかし、フィジーでは概してきちんと事業を仕上げてくれているのみならず、周辺国にも気象情報を速やかに提供し、人材育成にも協力している。この点は、理想的な形になっている。

かつてフィジーの支配者だったイギリスは、サトウキビの栽培のために、多数のインド人を連れて来た。インド系は、現在では人口の四〇％近くに達する。このため、インド系住民とフィジー系住民の間で軋轢が絶えず、政治の不安定要因となっていた。しかし二〇一三年に新憲法が定められ、ジョサイア・ヴォレンゲ・バイニマラマ首相のもとでバランスのとれた政治が行われており、落ち着いている。私はインド系、フィジー系両方の閣僚と面談したが、いずれも有能な人々だった。たとえば、ある河川の氾濫をどう防ぐかが、フィジーでの大問題なのだが、その技術的財政的問題点なども、担当の大臣はしっかり把握していた。

大洋州地域の島嶼国一二カ国が共同で設立した「南太平洋大学」の本校もフィジーにある。他の島嶼からここに勉強にくる若者も多い。また遠隔教育でも重要な役割を果たしている。日本は設備や機材の支援をしているが、教える中身の方でもいろいろ提案して行きたい。JICA開発大学院連携という新しいプログラムで、日本の発展の歴史を映像にする予定があるが、ここで放映してもらおうと思っている。

ここでも中国の進出は著しい。二〇〇六年にクーデタが起こり、これに対する制裁として、この地域では大援助国であるオーストラリアとニュージーランドが手を引いたことがある。その間に中国の進出が進んだ。二〇一四年に制裁は解除され、オーストラリアなどとの関係も改善しているが、中国のプレゼンスは大きい。二〇一八年一月、オーストラリアの国際開発・太平洋大臣が、中国の援助は役に立たないと批判したとき、そんなことはないと、フィジーをはじめとする多くの太平洋島嶼国が反論した。欧米流の単純な人権外交の失敗と言って良い。

フィジーでは首都を一歩出ると、かなりの田舎である。ある村でJICAが水道事業を支援しているので行ってみた。そこでは、よそ者が村に入るのに儀式があって、フィジー人のJICA職員に案内されて、数人で出かけた。この職員が、この一行を村に入れてやってくれと、長い歌のようなお祈りのようなものを唱える。相手がこれに合間合間で手を打って応答し、最後にカバ・ジュースというちょっと苦いジュースを飲んで、儀式は終わりである。その中で、盛んにアベ・シンゾーとかエンペラーという言葉が出てきたので、あれは何ですかとあとで聞いたら、この者はたんにJICAの理事長であるだけでなく、天皇陛下と首相の命を帯びて来た者だということを言ったそうである。まったくの嘘ではないが、やや大げさである。

その村では、山に降る水を引いて来て、その途中で有機的に濾過して綺麗な水にするシステムを作っている。それは沖縄の宮古島に伝統的にある方法を、信州大学のある先生が発展させ、それを学んだフィジー人が導入した。価格も安いし、村の力で行っている。われわれは専門家やボランティアによって技術面の支援を提供しているという、とても望ましいタイプの協力である。

文化人類学上の論争もあったサモア

サモアは多くの人に描かれてきた。たとえば、サマセット・モームの『雨』はサモアを舞台としている。『宝島』や『ジキルとハイド』などで知られるロバート・ルイス・スティーヴンソン（一八五〇～九四）が住み、亡くなった島でもある。彼が病弱で、健康のため南太平洋に移り住んだというのはちょっと意外だった。彼が住んだ家を改造した博物館に行って、スティーヴンソンが島の外交や政治にも関係していたことや、しばしばハワイを訪れてカラカウア王（一八三六〜九一）とも親しかったことを知った。

このカラカウア王は、一八八一年、日本にやってきて、日本とハワイ王国の絆を強めるため、日本の皇室とハワイの王室の縁組を申し入れたことでも知られている。日本人の労働者を移民として受け入れ、かつ日本との協力によって、アメリカの圧力を緩和しようとしたのである。日本は縁組や提携については、丁重に断っている。当時の日米の関係からして、やむを得ない判断だったろう。しかし、もし日本の開国が一〇年早く、日本人移民が入るのが一〇年早かったら（実際には明治元年、一八六八年が日本人移民の最初である）、ハワイにおける日米の力関係は変わっていたかもしれない。

スティーヴンソンの旧宅

私が興味を持っていたのは、文化人類学の古典であるマーガレット・ミード（一九〇一〜七八）の『サモアの思春期』（原著は一九二八年刊）をめぐる論争である。ミードの著作は、サモアの少女の性体験が若く、奔放であることを明らかにし、セクシュアリティの多様性を明らかにしたものとして、文化人類学の古典となっていた。

これに対して一九八三年、デレク・フリーマンという学者が、ミードの手法に疑問を投げかけた。ミードの語学能力は低く、またサモアの人々は質問者が喜ぶ答えをする傾向があったと指摘したのである。この著作が出たのは私の留学中のことで、全米で大きな論争となったことを覚えている。とくにミードの指導教授の一人は、『菊と刀』で知られるルース・ベネディクト（一八八七〜一九四八）であり、ミードとベネディクトとは同性愛関係にあったという説もあって、世間を賑わしたものである。

たしかに、ミードは当時二〇代半ばで、まだ経験に乏しく、現地語もできなかった。サモアの人々が先進国からやってきた人たちの気にいるような答えをしたことは十分に考えられる。これは、先進国の人間が途上国の人々と付き合う上でもこころすべきことだろう。ただ、フリーマンが一生のほとんどをミード批判に費やしたのはいかがなものかと思うし、アメリカの保守派がフリーマンの議論を利用してリベラルを攻撃し、『サモアの思春期』は二〇世紀アメリカの最悪の図書の一つだと言っているのは、明らかに行き過ぎだと思う。

もちろん、今回の短期の出張でそんなことの真偽がわかるはずはない。ただ、若い頃関心を持ったところに行けたことで満足だった。

サモアのトゥイラエパ・サイレレ・マリエレガオイ首相は親日家で、これまでの島サミットには毎回出席している。今回は安倍晋三首相と共同議長を務められた。明治維新のことなども知っていた。ニュージーランドの大学で勉強したという。

サモアでは橋の起工式に首相とともに参加したほか、波止場の改築工事の様子や日本が供与したフェリー船の視察などを行った。サモアでも沖縄県で培われた水資源管理や水道管理の技術が活用され、沖縄県の水道事業者の協力を得て実施されているプロジェクトを視察した。その他、沖縄の伝統的技術が役に立っている例はいくつもある。やはり島同士のつながりというのは重要である。

海洋の自由の維持を

こうした小さな国々に、どれほど援助をすべきだろうか。難しいところである。しかし、小さくても一国である。国際社会の一員である。日本との縁も深い。しかも排他的経済水域はとても大きい。日本が海洋国家として海洋の自由を尊重するためには、これらの国への支援を欠かすことはできない。アメリカ、オーストラリア、ニュージーランドと協力して、海洋の自由を維持するために取り組まなければならない。このことを痛感させられる旅であった。

第五章　揺れるアジア——独裁と民主主義の狭間で

一九五〇年代までは、アジアは貧困の代名詞だった。しかし、日本との関係がテコとなって、台湾、韓国、香港、シンガポールが発展し、ついでタイ、マレーシアが発展し、インドネシア、フィリピンが続き、さらにインドシナのベトナム、カンボジア、ミャンマー、ラオスが発展を始めている。

かつて日本がインドネシアを支援したとき、欧米からは、独裁者を支援すると批判された。これに対し日本は、経済発展から民主化へと時間をかけて見守るべきだと反論した。

民主化と経済発展の関係は、今でも難しい問題である。

その一つがミャンマーである。戦争中の記憶をたどりつつ、ミャンマーのことを考えた。

また、民主化の重要な要素は、法の支配である。日本は明治以来、近代法の導入に努めた経験を基礎に、ベトナムなどで法整備支援をしている。

東ティモールにおいては、日本はＰＫＯ（国連平和維持活動）を含めた様々な支援を行ってきた。また、中央アジアのタジキスタンでは、人材育成をテコに、発展を支え、日本との良好な関係を築いている。

東南アジアや中央アジアとは、インフラや経済以外の切り口でも関係を強化している。

13　日本の国際援助はどうあるべきか——ミャンマー

二〇一七年三月初めにミャンマーを訪問した。ミャンマーはＪＩＣＡ（国際協力機構）の活動がもっとも活発な国の一つである。インド、バングラデシュ、インドネシア、フィリピン、ベトナム、そしてミャンマーがたぶんベスト六だろう。

ある人にそう答えたら、「なかなか戦略的だね」と言われた。たしかに、南シナ海からインド洋に抜ける航海の自由は、日本の生命線である。安倍晋三首相も、二〇一六年にケニアで開かれた第六回アフリカ開発会議（TICAD VI）で、開かれたインド洋・太平洋の重要性を強調している。

「軍人」留学生を受け入れ

ミャンマーに行くのは二度目である。一度目は二〇一二年一一月、国際大学の学長として、ヤンゴンで開かれたミャンマー留学生の同窓会に出席した。

国際大学は、日本興業銀行の中山素平相談役（当時）が、一九八二年、財界の支援を受け、元外相の大来佐武郎《おおきたさぶろう》氏を学長に迎えて新潟県の浦佐（南魚沼市）に設立した日本初の大学院大学で、原則的に全寮制、授業は全部英語である。現在の学生は、外国人がおよそ八割、それ以外が日本人で、国内ではともかく、外国での知名度は高い。

その留学生のうち、最大勢力はミャンマーとベトナムである。ミャンマーの学生はとくに母校愛が強く、ヤンゴンでの同窓会には、首都ネピドーで働く若手官僚の卒業生が数十人、何時間もかけてバスでやってきてくれた。

国際大学は近年、ミャンマーの軍籍を有する行政官も、毎年一〇人近く受け入れている。近年まで軍に対するODA（政府開発援助）は認められていなかったが、二〇一五年の開発協力大綱によって、軍を対象とする援助も、民生目的、災害救助など非軍事目的なら、その実質的意義に着目して認めることができるようになっている。

これを批判する人もいるが、まったくの誤りである。戦前の日本軍の最大の欠陥は、視野の狭い教育を行っていたことだ。軍人に社会科学的なものの見方や視野の広い世界観を身につけてもらうことは、極めて重要である。しかも、ある年代のミャンマーの優秀な若者は、こぞって軍を志願した。彼らを受け入れ、国際関係論などのよい教育をすることほど重要なことはない。それは、この開発協力大綱がうたっている積極的平和主義として、重要なものである。

ミャンマーの学生はとても先生を尊敬している。軍人はとても優秀である。彼らを日本に招かなければ、彼らはたとえば中国で勉強するだろう。日本にとってどちらがよいか、自明ではないだろうか。

二人の独立指導者

まったく偶然なのだが、国際大学から車で四〇分ほど行ったところに、薬照寺というお寺がある。そこには、かつてビルマ（以下、古い時代についてはビルマと呼ぶことにする）の首相だったバー・モウ（一八九三〜一九七七）が、日本が降伏したのち、年末まで数カ月、隠れ住んでいた。日本が巻き返す可能性は皆無だったのに、雪深い山の中でどのような気持ちでいたのだろうか。

アウン・サン

バー・モウ

バー・モウは一八九三年、ビルマの名門に生まれ、インドのカルカッタ大学、ケンブリッジ大学、ボルドー大学（フランス）に学んでビルマで最初の博士となり、一九三七年、英領ビルマで最初の首相となった。のち、その座を追われ、独立運動に参加し、投獄された。太平洋戦争が始まると、日本はバー・モウを利用しようとし、またバー・モウも独立のために日本を利用しようとして、首相となり、日本に認められた独立ビルマの国家元首となった。四三年には東京で開催された大東亜会議にも参加している。日本の敗戦とともに日本に亡命し、薬照寺に潜んだが、四六年一月に出頭し、逮捕された。のち、許されて政界に復帰したが、五〇年代になると軍事政権下で拘束されたりして、不遇のうちに一九七七年、亡くなった。

バー・モウ内閣の国防相を務めたアウン・サン（一九一五〜四七）はバー・モウより二二歳若く、もっとラディカルだった。開戦前から鈴木敬司大佐の特務機関「南機関」と接触し、日本軍の訓練を受けた。開戦後は独立義勇軍を組織して日本とともに英軍と戦い、バー・モウ政権に入った。しかし、日本による独立が真の独立ではないことを不満とし、一九四三年末には日本の力に見切りをつけ、一九四五年三月に日本との戦いを開始した。日本敗戦後にはビルマを率いる位置にあったが、一九四八年の独立を前に、四七年、暗殺されてしまった。

バー・モウとアウン・サンは、その方法には違いがあったが、どちらもビルマの自由と独立を目指して戦った。最大の問題は、日本がビルマの独立を主たる目的とはしていなかったことである。日本にとって、ビルマ独立はあくまでイギリス打倒の手段にすぎなかった。

インパール作戦の無謀

ところで、日本軍のビルマにおける作戦でもっとも有名なものはインパール作戦であろう。

一九四四年三月、戦局の悪化を挽回するため、日本軍は、攻勢によってビルマを防衛しようと、インドのインパールを目指して進撃を開始した。作戦は四カ月後に打ち切られたが、参加兵力約一〇万人のうち、戦死三万人、戦傷および病気で後送されたもの二万人、残った五万のうち半数は病気という有様で、これは日本の作戦の中でもっとも失敗したものの一つである。しかも参加三個師団の師団長は、すべて解任ないし更迭されるという大混乱をともなった。

同様の作戦は、一九四二年八月に計画され、補給の困難性から、断念されていた。日本が優位にあったときですら困難と判断された作戦を、イギリスが反撃を本格化させ、日本が劣勢になり、制空権を失っている状況で実施するなど、無謀極まりない作戦だった。これは牟田口廉也《むたぐちれんや》軍司令官の強い意志で、周囲はみな反対なのに実行され、惨憺たる結果に終わったのである。第一に、例によって補給の軽視があった。第二に、敵の能力に対する過小評価があって、英軍は戦争初期に敗走したときと面目を一新していた。第三に、想像力の欠如である。英軍が日本の後方に降下部隊を投入し、後方を攪乱したりすることを予想もせず、対応も無策だった。そして、敵の戦術的退却にだまされて深追いしたことなど、はなはだ拙劣だった。そして何よりも、この作戦の意味が真剣に検討されていないことだった。しかも、牟田口の独断に対して誰も賛成ではなかったが、彼を翻意させることができなかったのである。そこには組織論的な大問題があった（戸部良一他『失敗の本質』中公文庫、一九九一年）。

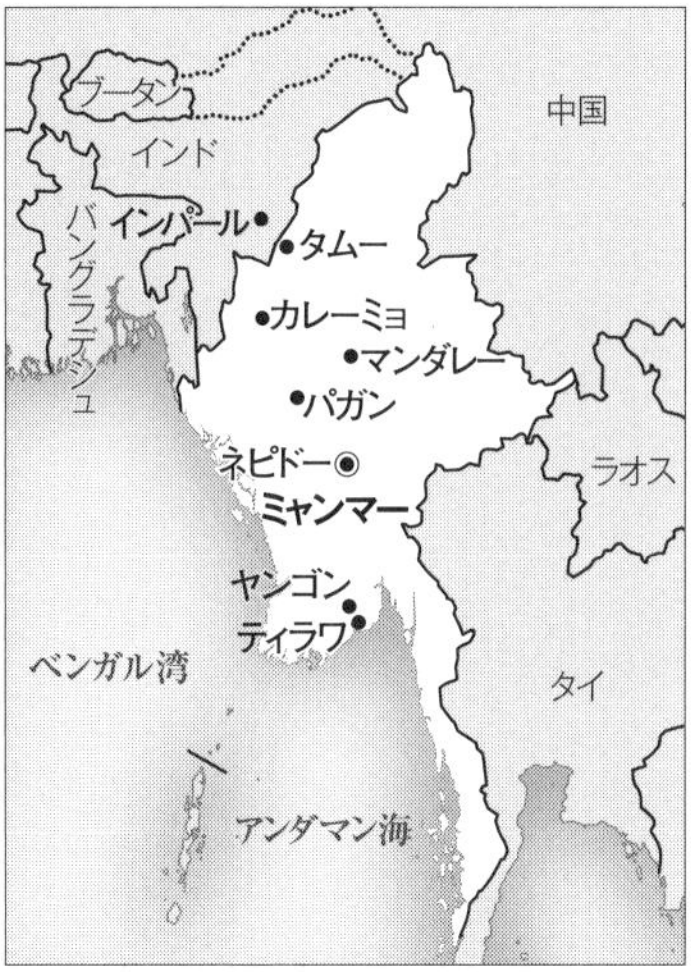

ミャンマーとその周辺

ミャンマー発展に必要なこと

さて、現在のミャンマーは、アウン・サンの娘であるアウン・サン・スー・チー女史を事実上の元首（国家最高顧問）としている。長く軍政が続いていたが、二〇一一年三月の民政移管を経て二〇一五年一一月の選挙では国民民主連盟（NLD）が圧勝して、現在の体制となった。国軍出身者ながら、二〇一一年に成立したテイン・セイン政権は、改革開放に大きく舵を切り、大きな成果を挙げていたが、国民の軍に対する反感は強く、二〇一五年の選挙で惨敗したのである。

軍政の残した負の遺産はあまりに大きい。二〇〇六年に首都とされたネピドーは、二〇車線をこえる広大な道路にほとんど車が走っておらず、多くの豪華ホテルはガラガラであり、政府の建物にも巨大すぎるものが目につく。軍政はしばしばテクノクラートを重用して経済発展だけは試みるのだが、ミャンマーではそれもなかった。

こうした欠点は一挙に解決できるものではない。軍に対する不満を背景に生まれたNLD政権が改革を急ぎすぎて失敗しないか、私は不安に思っていた。

ミャンマーの発展のためには、いくつものことが必要である。

経済面では、第一にヤンゴンの再開発である。交通渋滞がひどい中で、昔のインフラは老朽化している。市内の環状鉄道は約四五キロ（東京の山手線は約三五キロ）あるが、一周約三時間（山手線は約一時間）かかる。本数ははなはだ少ない。このような老朽化と過密をいかに乗り越えるか、JICAはマスタープラン作りを手伝っている。

第二に、ヤンゴンから首都ネピドーをとおり、第二の都市マンダレーに向かう南北の鉄道が国家の中枢であるが、これもはなはだ老朽化している。これをスピードアップすれば、随分違うはずである。

第三に産業化である。この点では、ティラワの経済特区が、予想以上の速度で進んでいる。また産業の基礎にはエネルギーが必要であって、JICAはここにも力をいれている。

第四に、農業振興である。これは政府が中央だけを見ているのではないということを示すためにも重要だ。

第五に、何よりも人材が足りない。人材育成が最大の課題である。これには時間がかかるが、JICAはミャンマーからの留学生を多数受け入れている。

スー・チー女史と筆者

経済以外では、何といっても、少数民族問題である。これは何世紀にもわたる長く根の深い問題で、一朝一夕に解決するものではない。とくにラカイン州のイスラム教徒、ロヒンギャの問題は深刻である。

スー・チー女史に伝えたこと

今回の訪問では、ネピドーでアウン・サン・スー・チー国家最高顧問に会うことができた。会うのは三度目だが、二人でじっくり話すのは初めてだった。スー・チー女史は国内ではなお高い人気を持っている。民族衣装のロンジーを、それもいつも違う服を美しく着こなしている。私は、日本におけるかつての民主党政権が功を焦って失敗したことにふれ、慎重に進められることを期待すると述べた。

チョー・ウィン計画財務大臣とは二度目だった。発展戦略における計画財務大臣の役割は、きわめて重い。私は先に述べたような包括的なアプローチが必要であると述べ、JICAがそのほとんどと関わっていることを強調しておいた。

ヤンゴンでは、ヤンゴン地域首相のピョー・ミン・テイン氏と会った。獄中生活一五年という経歴なのに、まだ四七歳と若く、穏健で物腰のやわらかい人であることに感心した。

またティラワ経済特区では、管理委員長のセ・アウン氏と会った。ティラワは、セ・アウン氏がピョー・ミン・テイン氏と協力して土地収用のような難しい仕事に丁寧に取り組み、大きな成功を収めている。これには、現地の農民や内外のNGO（非政府組織）からの批判も、最近は収まってきている。セ・アウン氏の力量とJICAを含む関係者の辛抱強い協力が大きかったと思う。

ビルマで戦死した伯父

それから、地方に足を延ばし、マンダレーの西のカレーミョに行き、そこからインドとの国境の町、タムーに行った。

これは、日本がインパール作戦を行ったときに通った道路である。

日本軍がこの道を通ったのは、これがビルマとインドをつなぐ重要な道路だったからである。国境の町タムーの市場はにぎやかだった。町はミャンマーにあるが、買い物をするのはインド人、商品は中国製である。それは地域の現実を象徴していた。

カレーミョからタムーに行く道は、一応整備されているが、カレーミョ付近では道幅が狭い。また多数の橋があるのだが、みな狭くて大きな車は渡れない。この橋梁の一部を、日本が協力して整備することを検討している。

国境近くの村では、昔の日本軍人と接触のあった方に会うことができた。九〇歳のおばあさんは、ある兵隊さんからプロポーズされたという。別の男性は、昔の日本の歌を歌ってくれた。

タムーの町並み

インパールに向かう街道を離れて、その次にパガンの西の方の村に行った。
私事ながら、私の父の兄はビルマで戦死している。父は京都帝国大学の医学部を出て、大学でインターンをしているとき、兄の戦死を知った。それで父は郷里に戻って、家業の造り酒屋を継いだ。私はその造り酒屋の長男に生まれたが、学者になった。長男だから家業を継ぐ義務があるというわけではないが、初志をかえた父に対し、今でも若干申し訳ないという気持ちがある。
もう一つ、私が中学生で、クラシック音楽に熱中していたころ、家の中に古いSPレコードが大量にあるのを見つけた。伯父のコレクションだった。もうステレオの時代になっていて、みな忘れていた。ためしに聴いてみたら、ベートーヴェンの『運命』の第二楽章が朗々と、本当に朗々と鳴り響いた。トスカニーニ指揮のNBC交響楽団だった。そのほか、シャリアピンの歌ったシューベルトの『死と乙女』、カルーソーの歌った『女心の歌』など、いまでも鮮明に覚えている。

その伯父が戦死したのは一九四五年の二月九日、グウェンビンというところだったらしい。現地の人が、ここで日本兵三人がインド軍（英軍）と戦闘になり、二人が死んだ、と教えてくれた。その一人が伯父だったと思うことにした。

それにしても現地の人から、日本人に対する非難は少しも聞かなかった。日本兵はあまり酷いことはしなかったのか、あるいは被害を受けても口に出さないのかわからないが、日本人に好意を持っていることはたしかだと思った。ただ、中央だけでなく、こうした農村にも事業を起こしてほしいという声を各方面から聞いた。

国際援助における心構え

さきに、ミャンマーの最大の課題は人材育成だと書いた。少数の優れたリーダーはいても数は足りないし、その下の中堅幹部の数は絶対的に足りない。それが、多くの留学生を日本に送っている理由でもある。

ともあれ、日本そしてＪＩＣＡの援助は、相当に包括的である。その際、ミャンマーの利益を第一に考えているつもりである。中国の影響力拡大に対抗して、ＯＤＡで相手を親日にしようなどと、ことさらに考えないほうがよい。相手には相手の国益がある。いつも日本と同じ立場になるかどうかはわからない。それでもミャンマーの親日は、かなり根底のあるものだと思う。われわれにとっては、ミャンマーが自主独立の国として発展してくれればそれでよいと思う。それが日本の国益につながる。そういう視点が、かつての大東亜共栄圏の構想には、欠けていたのである。

14 途上国の法整備を支援する――ベトナム

ＪＩＣＡが過去二〇年以上にわたって取り組み、地味ながら大きな成果をあげている事業の一つに、法整備支援がある。

その始まりは、一九九二年、名古屋大学法学部の森嶌《もりしま》昭夫教授（現・名誉教授）が、ベトナムの法律や社会制度の調査のためにハノイを訪問したとき、グエン・ディン・ロック司法大臣（当時）から、民法の立法作業に対して協力してくれるよう依頼されたことである。

ベトナムは一九八六年に導入されたドイモイ（刷新）政策のもと、市場経済を導入しようとしていたが、社会主義時代に作られた法制度のもとでは、活発化する経済取引に対応することが困難になっていた。ベトナムでは、世界銀行、国連開発計画、アジア開発銀行、それ以外に諸外国が協力していたが、あまりうまくいっていなかった。どうしても先進国の都合のよい制度の押し付けになりがちだった。

その点、日本の民法は、英米法ではなくフランス民法その他の大陸法を基礎としていた。またベトナムと日本の交流の歴史は長く、何よりも日本は明治初期に先進国から法律を輸入、移植した経験を持っていた。

近代法典が不可欠

ここで、過去の日本の経験を振り返ってみよう。

幕末期に西洋諸国との間で締結された諸条約は、日本に関税自主権がなく、外国人の犯罪は、日本の裁判所ではなく、外国の領事によって裁かれる（領事裁判権の承認）という点で、きわめて不平等であった。これを是正することが日本の悲願であった。

しかし西洋列強は、条約改正のためには、近代的法典の整備が不可欠だとしていた。それもある程度当然だった。外国人が日本で紛争に関わったとき、どのようなルールがあり、どのようにそれが適用されるかが明らかにされ、かつ、そのルールと手続きが西洋人にとって受容可能な水準のものであることが不可欠であった。こうした条件なしに、西洋諸国は領事裁判権を手放すつもりはなかった。

ベトナムとその周辺

必要とされたのは、刑法、刑事訴訟法、民法、商法、民事訴訟法であった。まず必要なのは、刑法と刑事訴訟法であった。なぜなら、外国人が犯罪に関係したとされたとき、どのような刑罰が、どのような手続きで科されるのか、知らないわけにはいかなかったからだ。

明治政府も、明治初年より早速この問題に取り組み、新律綱領（一八七〇）の制定などが行われた。しかしそれは、各藩が行っていた刑罰がバラバラであり、また身分その他によっても処罰が違っていたので、それらを統一することが必要だったからであって、刑法が近代的なものになったとはとても言えなかった。

ボアソナードの刑事法整備

そのために招かれた学者が、ボアソナード（一八二五〜一九一〇）だった。

ギュスタヴ・エミール・ボアソナードは、一八二五年生まれで、父はパリ大学の教授で著名な古典学研究者（ギリシャ語）だった。ボアソナードもローマ法など多くの法律に通じた優れた学者で、教授資格を獲得し、グルノーブル大学の教授、パリ大学助教授を務めていたが、パリ大学では教授ポストが当分空かないため、日本からの強い要請によって、さらに、フランスの文明を世界に広げたいという野心と理想に燃えて、一八七三年（明治六年）に来日した。一番の専門は刑法、刑事訴訟法であった。

ところが、来日早々に巻き込まれたのは、台湾出兵のあとの日清交渉であり、ボアソナードは大久保利通に同行して、清国での交渉に助言し、交渉を成功に導いた。これによって、当時の最高権力者であった大久保の信任をえたことが大きかった。

その後、刑事法の制定に取り組むとともに、選りすぐった若者を司法省法学校などで教えた。

制度ができても、これを理解し、運営する人がなくては意味がないことを彼も日本政府もわかっていたからである。

彼の態度は、一般的に、フランスの法律を押し付けるのではなく、旧慣を尊重するものであった。

しかし、日本と西洋との法意識の間には大きなギャップもあった。

一八七五年四月、司法省で講義を行うために歩いていたボアソナードは、男の悲鳴を聞く。事件かと思って駆けつけたボアソナードが見たのは、石抱《いしだき》の拷問（被疑者を角木の上に正座させ、重い石板を何枚も抱かせる）の現場だった。文明化が進んでいると思っていた日本で、拷問が行われていることを知ったボアソナードは大きな衝撃を受け、ただちに拷問禁止のために行動した。政府も、拷問があるようでは条約改正は難しいことを理解して、その提言を受け入れた。

ボアソナード

ともあれ、ボアソナードが活動を開始して、一八八〇年、罪刑法定主義にもとづく近代的な刑法が制定され、二年後に実施された。ボアソナードの意見はいくつか重要な点で受け入れられなかった。刑法においては、ボアソナードは死刑廃止論者であり、また刑事訴訟法（治罪法）では、陪審制を主張したが、これらは受け入れられなかった。

紆余曲折の末の民法整備

次の課題は民法であった。民法こそは、社会における個人の権利義務を定めたもっとも基本的な法、法の中の法であった。外国人が日本で活動するため、民法は不可欠だった。

当初、これに取り組んだのは制度取調専務（のち参議・司法卿）の江藤新平だった。江藤はフランス法（ナポレオン法典）を高く評価し、これを直訳すればいい、誤訳も恐れることはないと言って、一八七一年から、民法典の編纂に積極的に取り組んだ。

江藤は征韓論争に敗れて下野し（一八七三）、佐賀の乱（一八七四）に敗れて刑死したが、民法典編纂は続けられ、数年後に完成した（明治一一年民法）。しかし、あまりに直訳的で、日本の現実には合わない部分が多く、二年後の一八八〇年に廃棄された。

次に編纂の中心となったのがボアソナードだった。約一〇年を費やして、一八九〇年、全一七六二条の民法典が成立した。ところが、家族制度などにおいて、日本の伝統と相容れないという批判が出て、激しい論争の末、民法典の実施は延期され、結局、採用されなかった（それゆえこれを旧民法と呼ぶ）。ボアソナードは主に財産法を担当し、家族法にはあまり関係しなかったが、それでもこれは大きな挫折であった。

その後、ふたたび編纂は続けられ、一八九八年、ついに完成した。旧民法と根本的に違うものではなかった。江藤新平による一八七一年の着手から二七年、三度の試みで、ようやく民法は成立したのである。

文化の差異を超え、その国の伝統的な法規範と大きく矛盾することなく、世界に通用する法典を整備することは、かくも巨大で難しい事業なのであり、この分野でもっとも経験に富む国は日本である。それゆえ、途上国の法整備を支援しうる国として、日本以上にふさわしい国はない。

ベトナムでの成功をきっかけに

ベトナムの話に戻ろう。

社会主義国であるベトナムにとって、国家権力の中枢をなす法律や法制度をどのように定めるかは外国人に漏らしてはならない国家機密であった。したがって、ベトナム民法草案の全体像を知らせないで、質問だけが来るという有様だった。これでは協力は不可能だった。外国人がベトナムの法律に関与することを好まない雰囲気があった。

当時のベトナム経済は、ドイモイ政策の下で経済自由化を目指し、大きく変わろうとしている時だった。

他方で、法は国家が人民をコントロールするための手段であって、個人の権利義務や個人間の関係を律する法は、はなはだ立ち遅れていた。たとえば、登記制度はあったが、これは個人が財産を守るための制度ではなく、国家が国民を把握するための制度だった。「世帯」が権利の主体であったり、「全人民的所有」などという観念があったりした。

その中で、法学教育と言えば、教師が教壇で読み上げるのを生徒はせっせとノートをとるというものだった。

これでは市場経済への移行はできないし、効果的に国際経済の中に入ることもできない。

こうして支援の必要性はわかったが、実際に協力を行うことは容易ではなかった。日本でも法務省に持ち込むと外務省の所管だといい、外務省に行くと国際法以外は法務省の所管だといい、調整が難航したが、結局、外務省が国際交流基金を通じて予算を計上し、ベトナムとの文化交流のため、日本の民法を紹介するセミナーをベトナムで開くということにして、森嶌教授をその講師として派遣することになった。以後、JICAの枠組みを使って、多くの日本人学者、裁判官、検察官、弁護士などが協力するようになった。

こうした日本の経験を背景として、森嶌名誉教授をはじめとする多くの専門家の献身的な努力があって、法整備支援事業は成功させることができた。それ以後、カンボジア、ラオス、そして中国、さらにコートジボワールなどで、それぞれの国の人々の声にじっくり耳を傾け、伝統を尊重しつつ、高度の経済活動に耐え、国際標準を満たす法制度の整備を支援することができた。これは日本のODAの金字塔である。

経済だけでなく社会的政治的発展を

多くの地域でわれわれが行っているのは、経済発展を当面の目的としているが、それに限られたものではない。個人の権利を確立し、法の支配を確立していくという方向を、法整備支援は持っている。法の支配は難しい。中国で法整備支援をしているというと、疑問に思われるかもしれないが、部分的にせよ、法制度が整備されれば、それはやがて法の支配につながると考える。

JICAの仕事は途上国の発展に貢献し、もって日本と途上国との関係を強化することである。

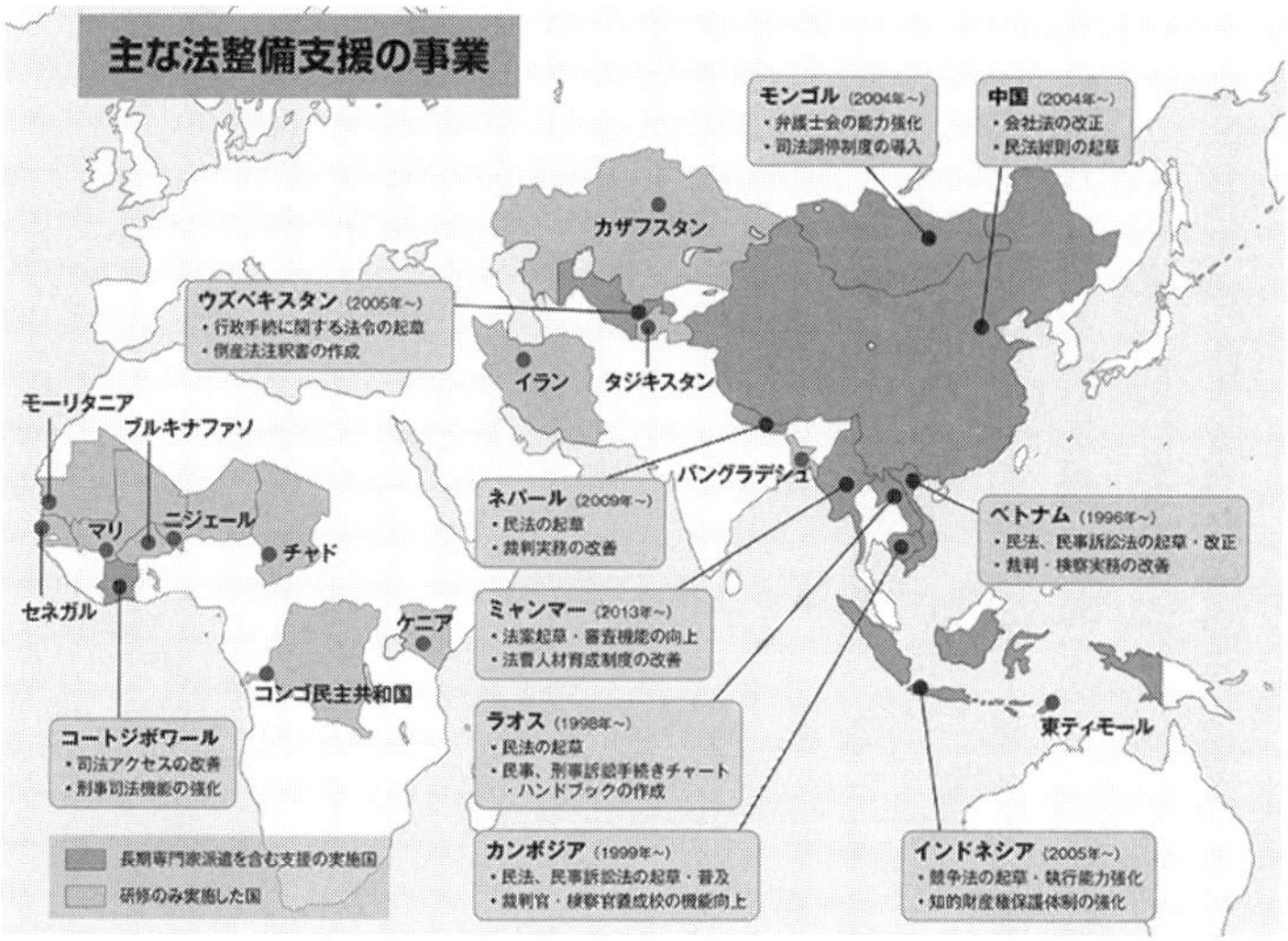

JICAの主な法整備支援事業の実施国

その発展は、経済発展だけではない。社会的、政治的発展、民主主義の発展も含むものだと考えて、われわれはこうした活動を継続している。法整備支援は、日本が戦略的な意図をもって始めたものではない。しかし、それゆえに、関係国から信頼され、頼りにされて、うまくいっている。そして、それは、結果的に大きな戦略的価値を持つ事業となっている。

（参考文献）

独立行政法人 国際協力機構『世界を変える日本式「法づくり」』（文藝春秋企画出版部、二〇一八年）

大久保泰甫『ボワソナアド――日本近代法の父』（岩波新書、一九七七年）

（コラム4）もう一つの安全保障──国際大学

私がかつて学長をしていた国際大学は、一九八二年に設立された、日本で最初の大学院大学である。ミャンマーの章で説明したように、グローバル人材の育成を目指し、授業はすべて英語、全寮制で、財界の大立者だった興銀の中山素平氏が、財界の総力を結集してつくったものである。当時まだ絶大な権力のあった田中角栄元首相の尽力もあって、新潟県の浦佐に建てられた。日本での知名度は低いが、海外での評価は高い。現在、国際関係学と国際経営学の二つの研究科があるが、前者は途上国で有名であり、後者は、たとえばロンドンのエコノミスト誌のビジネス・スクール・ランキングで、二〇一五年には、世界の九〇位、アジアで六位、日本で一位にランクされている。

学生の八割は外国人で、その多くは途上国からの若者である。特に若手官僚が多い。途上国にとって、日本は発展のベスト・モデルである。日本で日本の発展を学んでもらう。日本語からやるのは大変だから、英語で勉強してもらう。

彼らは帰国して数年で局長、うまくすれば、一〇年で大臣になる。途上国が親日リーダーの指導で発展するとすれば、日本にとって素晴らしいことである。

私は東大教授として、あるいは国連大使として、ＰＫＯにもＯＤＡにも関わってきた。しかし、こうした人材育成教育ほど、日本が貢献できる分野はない。これほど安い投資はないし、広い意味で重要な安全保障政策である。

私は二〇一三年、「安全保障と防衛力に関する懇談会」の座長として、日本で最初の「国家安全保障戦略」の作成に関与したが、その中に、外国の若者を日本に招いて教育することを、安全保障政策の一環として取り上げてもらった。

ただ、外国人ばかりのキャンパスは好ましくない。日本人の友人をつくらないと意味がない。そのためには、日本人学生をせめて全体の三割にしようと考えていた。幸い、将来のアジアのエリートとの人脈づくりを目指して、入学を希望する学生が増えている。

新潟県浦佐にある国際大学

人生の決断の中で、留学は最も重要なものの一つである。国際大学の場合は大学院大学なので、すでにそれぞれの国で大学を卒業し、それなりの地位に就いている若者である。彼らは留学に際し、米英ではなく日本を選んでくれたのである。その選択には、心からの敬意を表したい。ぜひ、満足して帰ってもらわなくてはいけないと思っている。

15　ジャングルから生まれた民主国家――東ティモール

沖縄の宮古島のあたりをまっすぐ南下していくと、赤道を越えて南緯八度あたりでティモール島とぶつかる。インドネシアの東、オーストラリアの北西にある三万平方キロほどの島である。インドネシアは東西に長いので、首都のジャカルタからは飛行機で五時間ほど、東部のバリ島からも二時間弱かかる。オーストラリア北部の中心都市であるダーウィンからは一時間あまりである。

西洋諸国の中で、ティモール島を発見したのはポルトガルで、一六世紀初めのことだった。やがて、ジャワ島を支配したオランダが勢力を伸ばし、西半分を征服して、東がポルトガル領、西がオランダ領となった。両方はほぼ同じ面積で、それぞれ日本の岩手県ほどの広さである。

太平洋戦争が始まったとき、ポルトガルは中立だった。しかし、東ティモールは日本がオーストラリアに侵攻する場合の、あるいは逆にオーストラリアおよび連合軍（英蘭豪軍）が反攻する場合の戦略的要地であるとして、連合軍は一九四一年一二月、ただちにここに侵入した。一方日本は、これによってポルトガルの中立は破られたとして、一九四二年二月に侵攻し、ティモール島全体を支配下に置いた。日本支配時代には、多くの犠牲者が出たと言われている。

東西分離、武力併合、そして独立へ

日本の敗戦のあとには、オランダが西ティモールを取り戻そうとしたが、オランダから独立したインドネシアがこれを支配した。東ティモールについては、ポルトガルの植民地に戻ったが、一九七四年、ポルトガルに自由化革命が起こると、東ティモールでは独立運動が高まった。当時、ポルトガルに留まるべきだという議論も、インドネシアの一部になろうという議論もあったが、中心は独立論だった。

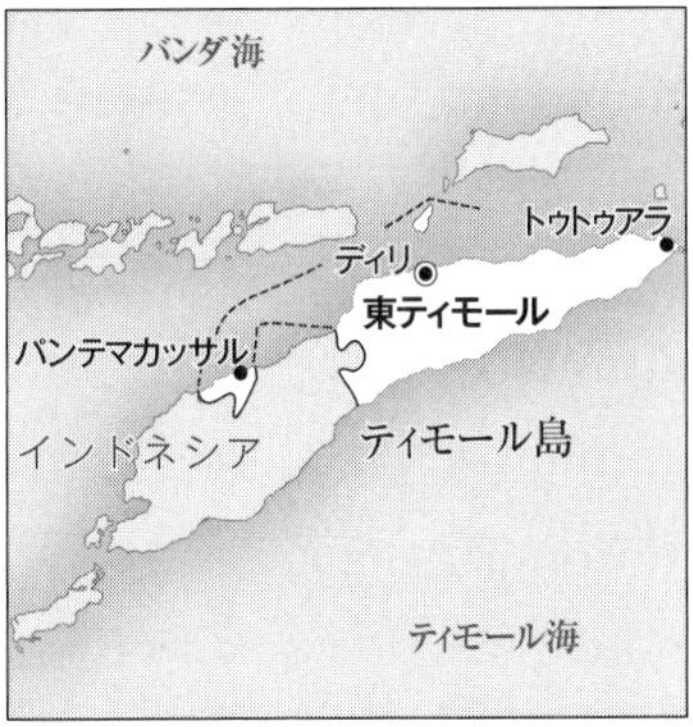

ティモール島

しかし、インドネシアは一九七五年、東ティモールを武力で併合した。これに対し、東ティモール独立革命戦線（FRETILIN＝フレテリン）などが武力闘争を含む独立運動を展開。インドネシアはこれに激しい弾圧を加えた。犠牲者の数はおよそ二〇万人と言われている。

一九七五年、国連安全保障理事会はインドネシアを非難する決議を採択し、一九九六年には紛争の解決に尽力したとして、カトリックのベロ司教と、独立運動家のラモス＝ホルタにノーベル平和賞が贈られている。この間、日本は

インドネシアとの良好な関係に鑑み、また戦時中日本も加害者であったことを理由に、インドネシア批判を控えていた。

一九九八年、インドネシアでスハルト政権が倒れると、後任のハビビ大統領は、東ティモールで特別自治権の付与を問う住民投票を行うことに同意した。九九年に行われた住民投票では、約八割が独立を求めた。その後、独立運動と独立反対派勢力の間で衝突が起こったが、やがて妥協が成立し、二〇〇二年、独立が実現された。

この間、国連は一九九九年九月、まず東ティモール国際軍（INTERFET）を派遣し、ついで一〇月、これを引き継ぐ国連東ティモール暫定行政機構（UNTAET）を設立して、住民投票とその後の独立への歩みを支援した。また独立後は二〇〇二年五月から、国連東ティモール支援団（UNMISET）を設立して、東ティモールの独立を支援した。

独立後、UNMISETはＰＫＯとしての活動は終え、国連東ティモール事務所（UNOTIL）という形に縮小されたが、二〇〇六年に騒擾が起こると、再び国連東ティモール統合ミッションという組織に強化され（UNMIT、主力は文民警察一四五二名）、二〇一二年末、その任務を終えた。

独立への歩みが明確になってからは、日本もかなりの関わりを持った。UNTAETの初代の副特別代表（人道支援担当）には、高橋昭氏（国際協力事業団参与）が任命された。二〇〇二年からUNTAET（のちUNMISET）に自衛隊（延べ二三〇〇名）を派遣し、また長谷川祐弘《すけひろ》氏が二〇〇四年から〇六年まで、事務総長特別代表として責任者の地位についた。日本人がＰＫＯのトップの地位についたのは、明石康氏以後二人目であり、以後、誰もそうした地位についていない。

その後、二〇〇八年、UNMITの事務総長副特別代表に、川上隆久氏が任命され、いずれ特別代表になることを期待されていたところ、二〇一〇年、病気のために現地で急死された。川上氏は、日本でPKOや平和構築にもっとも経験豊富な人の一人であり、私も国連大使時代にいろいろ教わったものである。惜しいことをした。

日本のPKO全体を見ると、二〇一七年に南スーダンから自衛隊が引き上げて以来、日本の参加は司令部要員若干名を除き、ゼロである。残念なことである。ただ、PKOではない政治ミッションには、アフガニスタンで山本忠通《ただみち》アフガニスタン担当国連事務総長特別代表兼国連アフガニスタン支援ミッション（UNAMA）代表が健闘しておられる。

独立の英雄が担ってきた政権

二〇〇二年の大統領選挙では、独立運動の英雄であったシャナナ・グスマンが大統領に選ばれた。ただし大統領はやや名誉職で、実権は首相にあり、首相にはフレテリンの幹事長、マリ・アルカティリが選ばれた。そしてグスマンと並ぶ英雄で、グスマンと近いラモス＝ホルタは外相となった。

その後、二〇〇六年四～五月には騒乱が起こり、その責任をとって首相は辞任し、ラモス＝ホルタ外相が後任の首相となった。グスマンは首相をめざして東ティモール再建国民評議会（CNRT）を作ってその代表となり、二〇〇七年の大統領選挙には出馬せず、ラモス＝ホルタ首相が大統領に当選した。同年の国民議会選挙ではCNRTは第二党となって、グスマンはフレテリンを除く政党を率いて連立内閣を組織した。

二〇一二年の大統領選挙では、タウル・マタン・ルアク前国軍司令官が大統領に就任し、国民議会選挙では、グスマン首相が続投することとなった。その後、二〇一五年にはルイ・マリア・デ・アラウジョ新首相が率いる内閣が成立し、グスマン前首相も閣内に残った。二〇一七年三月の大統領選挙では、フレテリン党首のフランシスコ・グテレス・ル・オロが大統領となった。そして七月に国民議会の選挙が行われたのである。

少し分かりにくかったかもしれない。要するに独立後、国連などの支援のもとで、フレテリンとCNRTが対立する中、グスマンなどの独立戦争のリーダーが政権を担ってきた。現在、国連は手を引きつつある。そしてリーダーにおいても、そろそろ世代交代が起こっておかしくない時期である。二大政党の関係はどうなるのかも、大きな問題である。要するに、次の国づくりの方向と担い手が、そろそろ現れなければならない時期なのである。

平静な民主的選挙

私が訪問したのは、二〇一七年七月二二日に総選挙が行われた直後だった。これは、国連などの国際社会ではなく、東ティモール政府自身が選挙業務を行った最初の選挙であったが、投票率は七五％を超え、平穏のうちに終了した。その結果、アラウジョ首相の率いるフレテリンが二九・七％、優勢と見られていたグスマン元首相のCNRTは二九・五％、ルアク前大統領に率いられた人民解放党（PLP）は八議席を獲得した。第一党と第二党との差はわずか一〇〇〇票だった。

選挙は人の頭を叩き割るかわりに頭数を数えるものである。したがって、暴力なしに選挙が行われるということは、実は大変なことなのである。日本でも明治憲法下、松方正義内閣の時に行われた第二回衆議院議員総選挙（一八九二）では、多数の死傷者が出た。現在、ＯＥＣＤ（経済協力開発機構）の一員であり、立派な民主主義国家のはずの韓国において、選挙における暴力はないにしても、政変のたびに前大統領が悲惨な運命をたどることが多い。東ティモールにおいては、国民と政治家が僅差の選挙結果を平静に受け入れているのである。これはなかなか大変なことである。

「維新の元勲」がデモクラシーを語る

東ティモールでは、多くのリーダーに会うことができた。

まず、前大統領のタウル・マタン・ルアク氏の自宅に招かれた。タウル・マタン・ルアクというのは、二つの鋭い目という意味で、ゲリラ時代のコードネームだという。インドネシアが東ティモールを併合したとき、一九歳で武装闘争に参加した人物で、のち、フレテリンの軍事部門の最高司令官になった。

前大統領の家は、贅沢ではないが、海と岬を見下ろす、心地よい風の吹く丘の上にある素晴らしい家であった。前大統領は、五月に職を辞し、新しい政党を率いて全国を遊説して回り、予想をはるかにこえる八議席を獲得した。彼によれば、そうした政治のスタイルと、インフラ中心、資源開発中心の政治に対する批判が支持を集めた理由だという。そういう勢力を議会に導入し、国会を活性化させることが目的だったと熱っぽく語っていた。辞去するとき、元大統領は私の手を握ってなかなか離してくれなかったが、その手はジャングルで戦ってきた人とは思えないような柔らかな手だった。

次に会ったのはアラウジョ首相で、五三歳、医者から政治家になった物静かな実務家で、東ティモールの直面する課題を的確に認識している優れた人物だと思った。夫人も歯科医で、第二世代を代表する人物なのだろう。

現職のル・オロ大統領にも会えた。彼も一九七五年以来の武装闘争のリーダーで六二歳、第一世代である。ル・オロというのもゲリラ時代のコードネームで、「鳥の巣」という意味だそうである。

ラモス＝ホルタ元大統領・元首相とはランチを共にした。前述のように、ノーベル平和賞を受賞した人物である。氏は大変な雄弁家で、日本に対する感謝を述べ、抱負を語ってやまなかった。その日の夜のＪＩＣＡ主催のレセプションにも来てくれた。ラモス＝ホルタのレベルのリーダーが二度現れるのは異例のことである。

ただ、グスマン元大統領・元首相には会えなかった。彼は意外な敗北ののち、声明を発表するだけで、公的な場に姿を現していないらしい。

私は東ティモールにおける移行期の政治について、かなりよい印象を持った。軍事指導者たちがデモクラシーを語り、国中の町を回って有権者に訴えている。第一世代の間に対立はあるが、結束が重要であるという感覚は失われていない。第二世代は物静かに実務家路線を進んでいる。日本にたとえれば、明治国家を作り上げた伊藤博文、山県有朋らの元老世代から、次の世代に移行しつつあるというところである。伊藤、山県の時代には、相互に対立はしたが、重要な場面では国益のために結束して行動した。しかし、第二世代、第三世代になるにつれて、政治の制度化、官僚化が進み、国益のために結束する姿勢が失われていった。とくに陸軍と海軍の対立が大きな亀裂を作り出していった。そういう懸念は、東ティモールでは少ないかもしれない。

現地のニーズにマッチした支援

とはいえ、東ティモールの将来は容易なことではない。地理的に不利な位置にあり、人口はわずかに一二一万人である。石油資源はあるが、資源だけに頼っていては、安定した発展は難しい。それをみなよく理解している。

観光ホスピタリティスクール

当面、インフラの整備は必要である。道路建設などは各地で行われている。しかし、そこにおける日本のプレゼンスは大きくない。道路は日本の資金でできていても、工事を請け負っているのは中国企業だったりする。同国では建設業に限らず近年は中国企業の進出が目覚ましく、一方、日系企業の動きは鈍い。もしかして、韓国よりもプレゼンスは落ちるかもしれないらしい。これほど日本が関わってきた国なのに、残念なことである。

産業で有望なのは観光だろう。

そのための努力は行われていて、観光ホスピタリティスクール（ＪＩＣＡが支援）を見学した。日本でいうと中学校と高等学校にあたる一五歳から一八歳くらいの学生を集めている。しかし教室を見てみると、子供達は二桁の引き算で苦労していた。やはり、中等教育は中等教育として充実させ、その上に職業学校ないし短大レベルの学校を置くのがよさそうだ。

この学校で、青年海外協力隊の諸君がいろいろなことを教えている。ホテルのサービスの基本から、服飾、美容、調理など、いろいろな仕事があって、とてもよくやっているように思う。彼らが提供できる能力と現地のニーズがよくマッチしていた。この国の自立につながる、こういう支援をもっと強化すべきだろう。日本のプレゼンスという意味でも、若い時期に教わった先生が日本人であった、というのは長く人々の心に残り両国の関係を強化する基礎となる。また、この学校には、インドネシア軍によって破壊された建物がそのままになっている。こういう部分も支援すべきだと思った。

日本のパートナーとする努力を

ところで、先に触れたラモス＝ホルタ元大統領とのランチで、元大統領は、東ティモールからはリーダーがしばしば行くのに、日本のリーダーはほとんど東ティモールを訪ねてくれないと、日本の無関心を批判していた。たしかに一時コミットした割に、日本は冷淡に見えるかもしれない。それは日本の国益にとってもよくないだろう。

東ティモールの強い希望はASEAN（東南アジア諸国連合）の一員となることである。これには一部に反対の国がある。たしかに小さくて新しい国だが、ブルネイは人口四〇万人程度だから、それよりは大きい。それに、東ティモールは、民主主義、法の支配にコミットしている国である。海洋の自由にもコミットしていて、南シナ海における中国の行動にも批判的である。こういう国が入ることは、ASEANを日本の期待する方向に動かす上で効果があるかもしれない。それを中国は喜ばないかもしれないが、大義名分からして、公然と反対はしにくいだろう。

また、太平洋島嶼国の集まりとしては、太平洋諸島フォーラムがあるが、これにも東ティモールは入っていない。オブザーヴァーであって、メンバーではない。日本・太平洋諸島フォーラム首脳会議、いわゆる太平洋・島サミットのメンバーでもない。

ラモス＝ホルタ元大統領と筆者

島嶼国同士は一般に交通が不便である。しかし、東ティモールの場合、オーストラリアのダーウィンに近く、そこを経由すればいろいろな国に行ける。お互いに共通の課題もあるだろう。

こうしたマルチの場に出ることのメリットの一つは、プロ意識を持った官僚が育つことである。私の友人であるカンボジアの外交官も、ASEAN加盟以後、SOM（senior officials meeting）に常時参加することで、実に多くを学んだと言っていた。革命リーダーの次には、有能な官僚が多数必要である。

東ティモールは独立の経緯からして、国際社会の関心を集めた国である。それなりによくやっている。しかしこれを孤立した民主主義国としておくよりは、地域の連帯の中にいれ、民主主義に向けた日本のパートナーとして押し立てていくべきではないだろうか。そういう国益判断に立った外交イニシアティブが必要だと思う。

16　パミール高原からアフガニスタンへ――タジキスタン

中央アジアの五カ国

二〇一八年六月、中央アジアのタジキスタンを初めて訪れた。これまでＪＩＣＡの理事長として、タジキスタンに行った人はいない。

中央アジアには、北にカザフスタンがあって、これが断然広い。面積は約二七二万平方キロ、日本の七倍以上あり、世界第九位（ロシア、カナダ、アメリカ、中国、ブラジル、オーストラリア、インド、アルゼンチンに次ぐ）である。人口は一八〇〇万人あまり（二〇一七、国連人口基金。以下同じ）で、資源が豊かなため、一人当たりＧＮＩ（国民総所得）は七八九〇ドル（二〇一七、世界銀行。以下同じ）である。ＪＩＣＡの協力対象は主に低所得国だから、卒業移行国であるカザフスタンには、協力中の事業はほとんどない。

一番人口が多いのはウズベキスタンで、三〇〇〇万人を超える。面積は約四五万平方キロで、日本より二割ほど広い。一人当たりＧＮＩは一九八〇ドル。タシケント、サマルカンド、ヒバ、ブハラなど、古代からの都市がいくつもある国である。ＪＩＣＡもいろいろな活動をしている。

一番西にあるのはトルクメニスタンで、面積約四九万平方キロ、日本より三割ほど広い。人口は約五八〇万人。資源があるので一人当たりＧＮＩは六六五〇ドルである。地理的に遠いこともあって、ＪＩＣＡの仕事は少ない。

タジキスタンは面積約一四万平方キロで一番小さく、日本の三分の一強である。人口は約八九〇万人、一人当たりＧＮＩは九九〇ドルである。またキルギスは、面積約二〇万平方キロと日本の半分ほど、人口は約六〇〇万人で、トルクメニスタンに次いで少ない。一人当たりＧＮＩは一一三〇ドルほどである。この二つの国では、ＪＩＣＡはいろいろな事業を行っている。

以上五つの国は、いずれも一九世紀後半にロシアの支配下に入り、ソ連の一部となり、一九九一年、ソ連の崩壊とともに独立した国である。しかし、ソ連が残した影響は大きく、たとえば道路などのインフラはロシア風に整備されている。現在もロシアとの関係は友好的であり、他方で中国の影響力もどんどん強まっている。こういう国々と日本はいかに付き合うべきか、今回はタジキスタンについて考えてみたい。

大統領をはじめ手厚い歓待

タジキスタンではずいぶん手厚い歓待を受けた。

まず首都のドゥシャンベ空港に到着すると、ネマットゥロー・ヒクマトゥロゾーダ経済開発・貿易大臣が迎えてくれた。エモマリ・ラフモン大統領から、私の滞在中、ずっと同行するよう命

タジキスタンとその周辺

ぜられたという。しかし、車の中でも大臣とずっと一緒では窮屈で仕方がない。疲れても眠ることもできない。何度も辞退したのだが、結局、大部分は一緒に動くこととなった。

二日目には北部のソグド州にある町イスタラフシャンに行き、ラフモン大統領に会い、後述するとおり、国民統合の日の記念式典に招かれた。

三日目はイスタラフシャンから南部のピアンジ県にヘリコプターで飛んだ。アフガニスタンとの国境沿いの町でＪＩＣＡの事業を視察した。その後、首都のドゥシャンベに戻り、夜は郊外のゲストハウスでコヒル・ラスルゾーダ首相主催の食事会に招かれた。

ゲストハウスまでは、シロジディン・ムフリッディン外務大臣が同車してくれたが、彼は、私が国連大使だったころのタジキスタンの国連大使だったので、車中、当時の話で盛り上がった。

その招宴は、外務大臣の主催で市内開催の予定だったのが、大統領の命令で首相主催とされ、その他にも数名の閣僚が同席された。そこは、郊外の自然を生かした賓客のための素晴らしい施設で、品数の多い料理や施設内の水辺散策など手厚い歓待を受けた。

こうした歓待は、日本の支援に対する感謝の表れであり、また、今後のさらなる支援への期待を反映したものであることは、言うまでもない。ただ、それだけでなく、遠方からやってきた賓客に対する心のこもったもてなしの伝統を感じた。中央アジアという文明の十字路で交通の要衝である地には、そういう伝統があるのだろうか。これに比べると、われわれの交際というのは随分淡白なもののように思う。

中央アジアから中東に広がるタジク人

タジキスタンはタジク系八四%、ウズベク系一二%ということで、民族的一体性は強い。中央アジアの他の四国よりも、主要民族の比率は高い。タジク人は基本的にペルシャ系で、これは中央アジアでタジキスタンだけである。他は、テュルク（トルコ）系統である。

タジク人はアーリア人、つまりインド・ヨーロッパ語族に属する。

インド・ヨーロッパ語族とは、現代の白色人種の祖で、金髪、碧眼、長身、細面だったと言われている。もっともこれらは混血によってしばしば変化するもので、確実なことは言えない。

彼らは紀元前三〇〇〇年、中央アジアで牧畜を営んでいたと見られる。そこから前一五〇〇年ごろ分岐して、（一）ヨーロッパに行ったもの（二）インド亜大陸に行って定住したもの（三）

イラン高原に行って定住したもの（四）中央アジアに残ってオアシス都市に定住したもの（五）中央アジアに残ってステップの騎馬遊牧民になったもの、に大別され（青木健『アーリア人』講談社選書メチエ、二〇〇九）、このうち、（四）がタジク人らしい。

つまりタジク人とは、中央アジアやイラン高原など中央ユーラシアの乾燥地帯に住んでいた人々のうち、ペルシャ系の言語を使い、都市やオアシス集落に定住した人々のことらしい。他方で、テュルク系の言語を用い、都市やオアシスの間に広がるステップ地帯で遊牧生活を送る人々がテュルク系だったという。したがって、中央アジアの二大民族であるペルシャとテュルクのうち、テュルクは中央アジアから小アジアに移り住み、ペルシャはペルシャ高原に居続けたというわけである。

彼らの宗教はかつてゾロアスター教、ネストリウス派キリスト教、マニ教など様々だったが、やがて大多数がイスラム教となった。ただ、面白いことに、タジク人もウズベク人も、みな酒を飲む。それもウォッカである。ウォッカによる乾杯が習慣である。これもロシアの影響だろう。

タジク人はアフガニスタンに八六〇万人、タジキスタンに七五〇万人、ウズベキスタンに一四〇万人、パキスタンに一二二万人、イランに五〇万人などと言われている。つまりタジキスタンはタジク人中心という意味では同質性が高いが、政治的混乱の続く隣国に、もっと多くのタジク人が住むという不安定要素がある。アフガニスタンとの間には、一三〇〇キロという長い国境があり、ゆったり流れるピアンジ川以外に大きな自然的境界はないので、いつでも政治的混乱は国境を越える。

高地と山脈の国

これに加えて、山がちの地形が、国家統合を困難にしている。

タジキスタンは国土の半分が標高三〇〇〇メートル以上である。日本にも標高三〇〇〇メートル以上の山はあるが、それは国土のごく一部である。

まず東の方、国土の四割以上がパミール高原である。パミール高原は世界の屋根と言われるとおり、平均標高五〇〇〇メートル、中央部は高原状であり、最高峰は標高七四九五メートルのイスモイル・ソモニ峰である。この山は一九三三年にソ連の登山家によって初めて登頂され、スターリン峰と名付けられた。しかし、スターリン批判ののち、一九六二年にコミュニズム峰と改名された。そしてタジキスタンが独立したのち、中世サーマン王朝のタジク人王の名からとって、イスモイル・ソモニ峰という名前になった。ちょっと面白い。

さらに北側は、パミール高原から分かれたアライ山脈が東西に走っていて、国土を南北に分断している。北から、アライ山脈、アライ渓谷、外アライ山脈と東西に平行に並んでいる。外アライ山脈の最高峰は、クーヒ・ガルモ山（旧レーニン峰）で、標高七一三四メートルもある。パミール高原におけるスターリン峰と言い、レーニン峰と言い、ソ連が誇った山であることがわかる。

このような地形なので、国土の南側から北側に行くのは難しく、かつては険しい峠を越えるか、むしろ隣国のウズベキスタン経由で行ったという。現在はアライ山脈の下をトンネルが通っていて、その前後の景色は壮観である。

このトンネルは、中国政府による有償援助約三〇〇億円（金利二％、返済期間二〇年）、タジキスタン政府資金約一七億円で完成し、交通事情の改善に大きな貢献をしている。中国の関心の深さは理解できるし、その効果は率直に認めるべきだろう。

タジキスタンを州別に見ると、東のパミール高原にあるのがゴルノ・バダフシャン自治州で、面積は国土の四五％、人口では全体の三％しかない。ここは宗教的にも独自であり、シーア派の一分派であるイスマーイール派が大多数で、そのリーダーはアガ・ハーンと自称し、巨大なアガ・ハーン財団を組織して、多くの教育・社会福祉事業、ビジネスおよび人道的事業を行っている。ＪＩＣＡとも協力関係にあり、ソグドから南に飛んだヘリコプターは、この財団が提供してくれたものだった。

タジキスタンの山々

国土の西側では、アライ山脈の北にあるのがソグド州で、面積は国土の一八％、人口は全体の二九％である。ソグド人はペルシャ系で、奈良などに来ていた可能性がある。「深目高鼻」というのが、彼らの容姿の特徴で、奈良時代の仏像やお面に、「深目高鼻」のものがあることは、よく知られている。

その南は、アライ山脈を含め、共和国直轄地となっている。面積が国土の二〇％、人口は全体の二三％を占めている。その西部には、首都のドゥシャンベ（面積約一〇〇平方キロ、人口九％）などがある。

そしてさらに南、アフガニスタンに接するのがハトロン州で、面積で国土の一七%、人口は全体の三六%である。

こういう地形なので、国土は巨大な山地で分断されている。山と平地も分断されている。川もあるが、高山から激しく流れているため、川沿いの平地も少なく、川を渡るのも困難である。つまり、川でも分断されている。

統合のための「強権政治」

したがって、この国を統合することは容易ではない。

ソ連が崩壊して一九九一年に中央アジアで五つの国が独立したとき、タジキスタンだけで内戦が起こり、五年間にわたって五万人とも一〇万人とも言われる人が亡くなっている。当時六〇〇万人あまりの人口の中でこの犠牲者数なので、相当ひどいものだった。和平の調停には、アフガニスタンで死後に「国家英雄」の称号を贈られたアフマド・シャー・マスード司令官も加わっていたというから、興味深い。

国連の一員としてタジキスタンで活動していた筑波大学の秋野豊助教授が亡くなったのは、こういう状況においてだった。秋野さんは、たくましい体格で、いつも真っ直ぐな議論をする気持ちのよい青年だった。もう亡くなって二〇年たつ。慰霊碑に花輪を供えてきた。

こうした国家統合の難しさを克服する方法の一つは強力な政治ないし独裁である。一九九四年以来、ラフモン大統領の統治が続いており、二〇一三年には四度目の当選をしている。再選禁止規定が廃止されたので、まだまだ続きそうである。また、息子が後継者となるのではないかという観測もある。

タジキスタンでは、かつての分裂と内乱を繰り返さないよう、六月二七日を国民統合の日と定め、式典を毎年各地で行っている。

この年は北部のソグド州第二の町、イスタラフシャンで行われた。かつてアレクサンドロス大王が征服したこともある由緒ある土地である。

「国民統合の日」の式典

大統領は巨漢で、威厳貫禄十分に、民衆の歓呼の声を浴びながら、悠々と歩く（テレビで見るドナルド・トランプ米大統領や金正恩朝鮮労働党委員長、習近平中国国家主席も太っていて悠々と歩いている）。

このフェスティバルの間、私は数人のＶＩＰとともに貴賓席に、しかも大統領と二人並んで最前列に座らせられた。次々と民族舞踊が出て来て、会場中が踊り出す。割合ゆっくりした踊りで、盆踊りのようなものである。私もやむなく一緒に踊る。翌日から、何人もの人に、大統領の隣で踊っていた人ですね、と言われた。

いずれにせよ、かつての内戦を知っている人、地理的な統合の困難さを知っている人なら、簡単に独裁を批判できない。

民生安定のための支援

そういう中で、日本のとるべき方策は何だろうか。

タジキスタンは、あらためて言うまでもなく、内陸国である。海に面していない。国連にはLDC（Land-Locked Developing Countries）というカテゴリーがある。貿易の条件が難しい国をとくに支援しようということである。日本は長年このLLDCと親しくしており、私が国連大使だったときも、何度かパーティを開いていた。この方面の協力が重要である。

今回、ドゥシャンベ空港の航空安全の向上と貨物取扱能力の向上を目的に、一八億三〇〇〇万円の無償資金協力により、航空保安機材の近代化および貨物取扱設備の整備を行い、その竣工式に出席してきた。タジキスタンのような国には特に効果が大きいものだと思う。

それから民生支援である。イスタラフシャンに一泊したあと、ヘリコプターで山の上を飛び、ハトロン州ピアンジ県給水改善計画を見にいった。これは地下水をくみ上げる井戸と、中央アジア最大規模の一八〇〇立方メートルの大容量高架水槽と、各家庭への送水設備がセットになっていて、四八〇〇戸に水を供給している。各家庭にメーターをつけ、従量制度に転換した結果、水の節約になったという。土木学会賞を受賞し、二〇一七年度JICA理事長表彰をした優れた事業である。

この地域は綿花栽培が盛んであり、ソグド州とこの州が主たる生産地である。タジキスタン経済にとって、極めて重要である。しかし、アフガニスタンがすぐ近く、紛争が波及する可能性が常にある。その対策は、やはり民生の安定しかない。民生が安定すると、農業生産に拍車がかかる。民生安定のためにも、戦略的な意味でも、この水道事業は効果が大きいのである。

外交、そして人材育成

外交では、日本は「中央アジア＋日本」という対話を行っている。これは、日本と五カ国との関係を強化するのみならず、五カ国がいつも日本と向かい合うことを通じ、五カ国間の関係強化にも貢献しているらしい。ＡＳＥＡＮと日本との対話が、日本とＡＳＥＡＮ各国との関係強化に資するとともに、ＡＳＥＡＮ諸国間の関係強化につながり、全体として日本とＡＳＥＡＮ地域との関係の強化に役立つようなものである。たとえば最近、タジキスタンとウズベキスタンとの関係が良くなっていると言われているが、「中央アジア＋日本」の枠組みを活用し、さらなる関係強化を推進していくことができる。そうすると、たとえば日本からこの地域への観光が、いくつかの国を巡るものに仕立てやすい。パミール高原にせよ、アライ山脈にせよ、素晴らしい観光資源であることは、間違いない。

それ以外に効果を上げつつあるのは、人材育成プログラムである。

ＪＩＣＡはＪＤＳ（The Project for Human Resource Development Scholarship＝人材育成奨学計画）というプログラムを実施していて、旧社会主義国の市場経済移行を支援するという目的で、カンボジア、ラオス、ベトナム、ミャンマー、それに中央アジアなどから未来のリーダーたるような若手を日本に招き、修士コースにおいて英語の授業で学位取得までサポートしている。ＪＤＳはＪＩＣＡがサポートして、留学生を受け入れ、日本の様々な大学の大学院で勉強してもらう制度である。私は国際大学の学長をしていたとき、この制度を利用して学んでいるタジキスタンの学生に出会い、タジキスタンに関心を持つようになった。これは大変有効なプログラムである。途上国だと、五年で局長、一〇年で大臣になる可能性がある。

さらなるプレゼンスの強化を

タジキスタンは小さな国であるが、世界の多くの国々が、意外なほど強い関心を持っている。イランとは歴史的、文化的つながりがあり、またトルコも中央アジアのほとんどの大都市にトルコ航空の直行便を飛ばすなど、関係を強化している。カタールは、中央アジア最大のモスクの建設を行っている。

ロシアにとっては南の守りという意味があり、大きな軍事基地があり、今も戦略的にタジキスタンを重視している。

中国も「一帯一路」の観点から、もちろん重視している。その勢いは相当なものである。しかし、あまり行きすぎるとロシアとぶつかる恐れがある。

タジキスタンは、どちらに従属するのも好まない。したがって、やや遠方にあって、特別の利害関係のない日本は、善意の第三者として、大いに評価されている。相対的に少額の援助で、大きな効果を上げることができる。十分歴史に翻弄された地域なので、中国が世界で使う歴史カードは、ここでは使いにくい。この地域の安定に貢献することは、世界からも評価される。

ただ、もうあと少しの努力で、もっと日本のプレゼンスを強化することができる。

たとえば、航空である。トルコ航空はいたるところに飛んでいる。韓国はカザフスタンに飛んでいる。私は仁川空港に行き、アシアナ航空に乗り換え、カザフスタンで乗り換え、ドゥシャンベに行った。二度の乗り換えである。せめて日本からカザフスタンに直行便が飛んでいれば、日本とこの地域の関係はずっと密接になるだろう。今回の訪問で感嘆した山々の威容は、大きな観光的資源である。また、日本に好意的なタジクの人々は、日本で働く機会を求めている人も少なくない。今後もタジキスタンに注目して、関係強化を図るべきだと考える。

（注）今回のタジキスタン訪問の際、北岡元《はじめ》駐タジキスタン大使から、いろいろなことを教わった（私と同姓だが、関係はない）。北岡大使は外務省の中でインテリジェンスの専門家として有名で、何冊も著書を出しておられる。さすがに専門家だけあって、タジキスタンの政治について、詳しく教えていただいた。記して感謝したい。

終章　世界地図の中を生きる日本人

これまで世界の国々のことを書いてきた。この章では、さまざまな日本人の行動の中に見られる世界地図を紹介したい。

第一に、現在の国際会議はどのように行われているか、世界地図の縮図の一つとして紹介したい。国民皆保険制度を議題とする会議において、どのように日本がリーダーシップを取れるのかという例である。

第二に、僭越ながら、ダボス会議における私の行動をご紹介してみたい。国際社会でいかに発信し、プレゼンスを高めていくかを考える参考にしてほしい。

第三は、一九五〇年の中曽根康弘が見聞した世界地図である。それが、現在の世界地図と、どれほど違っているのか、いないのか、改めて考えてみたい。

最後に、島根県海士《あま》町の話である。海士町は、世界から人を呼び込むことによって、過疎を克服しようとしている注目すべき例である。高校には世界地図が貼ってあって、留学生がどこからやってきているか、一目でわかるようになっている。

17 「ソフト・パワー」の作り方――UHCフォーラムの一日から

二〇一七年一二月一三～一四日、東京でUHCフォーラムという会議が開かれた。UHCとは、Universal Health Coverage、つまり、すべての人が、健康を守るための基本的サービスを、支払い可能な費用で受けられる制度を指す。日本には国民皆保険制度があるので、当たり前と思っている人が多いが、世界でUHCの恩恵を受けられるのは人口の半分ほどだ。お金がないから医療を受けられない人が、多数いるのである。

日本が国民皆保険を始めたのは一九六一年のこと。もっと早い国はあるが、日本は相当早いほうだ。それが高度経済成長を支え、長寿社会を実現した。超高齢化社会において、国民皆保険制度の見直しは必要であるが、全体としてUHCの必要性については、世界で広く認識されている。

一二月一四日の会議は、このUHC推進のためのもので、世界から関係国、関係機関のVIPが多数来日した。議論の内容や成果については、外務省やJICA（国際協力機構）のホームページを見ていただくこととして、私の一四日の動きを通じて、現代の国際関係の一側面をご紹介したいと思う。

国連事務総長と会談

日本は数年前から、UHCに力を入れている。二〇一五年には東京で会議を開き、一六年の伊勢志摩サミットで安倍首相がUHCの推進を訴えた。一七年九月の国連総会では、UHCに関するハイレベル会合（閣僚級会合）が開かれ、安倍首相がスピーチをし、私も出席した。これを受けて力を入れて開催したのが、一二月一四日の会議だった。

当日の動きはこんな具合だった。

朝、七時五〇分からアントニオ・グテーレス国連事務総長と会談するため、帝国ホテルへ行く。ホテルでは、会談に同席する別所浩郎《こうろう》国連大使と二人になれたので、前年以来の南スーダン問題など、国連の動きについて話しあう。別所大使は大学のゼミの後輩で、二〇年近い友人だ。

次いでグテーレス事務総長と会談。グテーレスは一九九五年から六年間、ポルトガルの首相を務め、二〇〇五年から一〇年間、国連の難民高等弁務官を務めた。私は国連大使時代に彼が安保理で報告するのを何度か聞いたが、英語の質問には英語で、フランス語の質問にはフランス語で、スペイン語の質問にはスペイン語で、メモも秘書もなしで自由に応答する様子に感嘆したものである。グテーレスは親日家で、難民高等弁務官時代、日本に一三回も来ている。私も何度か会っていて、数人でゆっくり食事をしたこともある。

久しぶりだったので、まず前年の事務総長の選出について心から嬉しく思うと、お祝いを言った。というのも、今回のグテーレス選出は新しいやり方で進んだからである。

事務総長選出においては、安保理で拒否権を持つ常任理事国が大きな力を持つ。地域のローテーションがあり、一九九六年、二〇〇一年はアフリカ、二〇〇六年、二〇一一年はアジアという風にだいたい決まっているが、その中で浮上する候補のうち、アメリカが支持し、ロシアが反対しない人物が選ばれることがほとんどである（中国の力は当時はそれほどではなかった）。しかもそのプロセスが不透明で、どの国がなぜどの候補に賛成なのか、反対なのか、まったくわからないのである。

グテーレス国連事務総長と会談する筆者

しかし、一六年は、加盟国からの多くの不満に応えて、候補者が公開の場で自分の抱負を話すこととなった。その中で抜群だというので、グテーレスが選ばれた。慣例的には今回は東欧、そして女性という呼び声が高かったが、こうした討論の場があったため、グテーレスが選ばれたのだ。

引き続き、国連改革の話をした。中満泉《なかみついずみ》軍縮担当事務次長が同席していたので、「いろいろ反対はあるでしょうが、ぜひ彼女に働いてもらって、反対派を『disarm（武装解除）』してください」と言っておいた。また、彼が強い関心を持っている難民問題について、ウガンダや、ミャンマーのロヒンギャ問題に関するＪＩＣＡの取り組みを紹介し、意見を交換した。一五分のわりには充実した議論ができた。UHCの話はしなかった。

巨大財団資金の有効な活用

その後、会場の東京プリンスホテルに向かった。

第一セッションは九時三〇分から始まった。これはVIPによる冒頭セッションで、安倍首相、セネガルのマッキー・サル大統領、ミャンマーのティン・チョウ大統領、国連のグテーレス事務総長が話した。セネガルとミャンマーは、いずれも日本の協力のもとにUHCを進めようとしている国々である。

それから記念撮影、そしてVIPの第二部で、WHO（世界保健機関）のテドロス・アダノム事務局長、UNICEF（国連児童基金）のアンソニー・レーク事務局長、世界銀行のジム・ヨン・キム総裁、そして私が、少しずつ違った角度から、UHCの必要性について話した。私はとくに、日本では一九六一年に国民皆保険が導入され、その後の高度経済成長を支えたことに触れ、UHCは経済成長の結果として行うものではなく、経済成長を支える力だということを強調した。

会場を出て、別室で、UNICEFのレークと話す。彼は一〇年を勤め上げてこのたび引退するが、JICAとは大変よいパートナーだった。このごろ日本は、「人間の安全保障」という言葉をあまり使わない、もっと言い続けたらどうか、と好意的な注意をしてくれた。ありがたい。

そのあと、ビル&メリンダ・ゲイツ財団のマーク・サズマン最高戦略責任者と話す。二〇一五年はゲイツ自身が来たが、今回は来られず、ビデオ・メッセージを送ってくれた。現在、巨大な民間財団の資金は大変なもので、これをいかに活用するかということが、国際協力にとって決定的に重要である。ゲイツ財団とは、パキスタン、続いてナイジェリアにおいて、ポリオ撲滅のため、「ローン・コンバージョン」というものをやっている。これは、パキスタン政府が国民にポリオの予防接種を行うことを約束し、それをＪＩＣＡの円借款協力で行い、一定の成果を達成した場合、ゲイツ財団がパキスタンの債務返済を肩代わりするというもので、財団の資金力と、ＪＩＣＡの現場における経験と信用を結びつけた興味深い仕組みである。これが成功したので、さらにいろいろな分野に広げることを考えている。

世銀のキム総裁と会談する筆者

次に、世銀のキム総裁とその広報・対外関係担当のシーラ・レゼピ副総裁とランチ。ＪＩＣＡと世銀は大変密接に連携していて、毎年一日半、世銀総裁プラス副総裁数名とＪＩＣＡ理事長プラス理事数名が、ワシントンか東京で会議を行っている。医者でもあるキム総裁が就任して以来、世銀はわれわれの得意分野である保健、教育などの分野に関心を持ち始めている。われわれは世銀の斬新な手法に学び、先方はＪＩＣＡの現場の経験に学ぶという関係になっている。短いランチだが、保健分野の今後の協力や世界の気候変動への取り組みについて、意見を交換した。

日本が推したWHO事務局長

昼食をすませて、東京大学に向かう。一三時一五分から、東大の五神真《ごのかみまこと》総長、キム総裁、それに私で、「科学技術イノベーションを通じたSDGs（Sustainable Development Goals＝持続可能な開発目標）推進の新常識」というシンポジウムを行った。科学技術が開発協力にどのような貢献をなしうるか、という実例を話す。

その後、JICAの本部に戻り、一五時から「ICG（International Crisis Group＝国際危機グループ）」のジャン＝マリー・ゲーノ会長と面談。ICGは世界の紛争に関する情報の分析と提言で定評のあるシンクタンクである。

ゲーノは、私が国連大使時代のPKO（国連平和維持活動）担当事務次長で、いくつものPKOを上手にさばいていた人物だ。フランス人で著書もあり、芸術にも造詣が深い。私は大変感心していたので、東大に復職してから、お願いして集中講義をしてもらった。その後、国連を辞めて現職にいるのだが、JICAでは二〇一六年、国際諮問委員会を作り、彼に委員の一人となってもらった。ロヒンギャ問題、中東問題など、世界の多くの紛争について議論する。ゲーノだけは、今回のUHCフォーラムとは関係のない来日だったが、時間をとって会った。

その後、東京プリンスホテルの会場に戻り、一六時半からWHOのテドロス事務局長と会談。テドロスはエチオピアの外務大臣や保健大臣を務めたことがあり、旧知の仲である。日本はエチオピアと良い関係にあり、一七年のWHOの事務局長の選出にあたっては、彼を推していた。なお選出のプロセスは、従来は投票ではなかったが、二〇一七年には投票がおこなわれた。その際、どうも日本はA氏を推しているらしいという情報が世界の関係者の間を駆け巡り、いつの間にか「世論」ないし「空気」ができてくる。こういう世論づくりが成功したわけである。テドロスも日本の支持をあてにして、日本から選挙キャンペーンを始めていた。

テドロスが選ばれたあと、幹部に空席があるというので、誰か推薦しようということになり、日本は厚生労働省の山本尚子総括審議官を推した。私の国連大使時代の部下で、とてもエネルギッシュな人であり、私も強く推薦した。これが実現して、現在、テドロスの下にいて、今回の会合にも同席してくれた。

そのあと、UHCの会議に戻った。最後のセッションがあった。加藤勝信厚生労働大臣のスピーチと東京宣言の読み上げ、国連などでも活躍している歌手のイヴォンヌ・チャカチャカさんが司会をしてくれて、ちょっとリラックスした良いセッションとなった。アンソニー・レーク、ジム・ヨン・キム、テドロス、WFP（世界食糧計画）のデイビッド・ビーズリー事務局長、それに私が数分ずつ話し、最後に麻生太郎副総理・財務大臣が登場して、閉会となった。

汗をかき、資金を出す

読者の中には、以上のような動きについて、意外な印象を持たれた方もあるのではないかと思う。

たとえば、UHCのための会議なのに、VIPといろいろな議論をしていることである。UHCであれ何であれ、こういう会議は、バイ（二人だけ）の会談でいろいろなことを論じる絶好の機会なのである。この前日には、セネガルのサル大統領と、またＷＦＰのビーズリー事務局長とじっくり話す機会があった。

また、トップであるリーダーたちが、開会セッションと閉会セッションにしか出ていないことである。われわれが出ていない間は、いわば実務のトップの会合が行われており、細部ではこちらの方が重要なのである。一二月一四日に打ち出された東京宣言でも、こうした高級実務者会議での議論が重要な意味を持つ。リーダーは国家および組織のコミットを示し、方向性を出すのが仕事である。

現在の多くの国際会議においては、世界のリーダーが集まって議論をして、合意がなされるというような場面は、あまりない。開かれた時には、だいたい結論は決まっているのである。各国そして各国際機関の官僚組織が、事前にそれぞれの政策を持ち寄り、協議を進めて、ほぼ合意の方向はできている。その際、よりよいアイディアを提示し、合意形成を巡って汗をかき、資金を出す国が、全体をリードするのである。そしてコミットする気のある国は、ハイレベルの代表を送る。つまり今回のような多くのリーダーが集まるということは、すでに成功がある程度約束されているということが言える。日本の国内においては、医療に強い武見敬三参議院議員と連携をとりつつ、安倍首相、麻生副首相・財務大臣の出席を確保すべく、何度も働きかけた。そして首相、副首相が出席すれば、予算もある程度は確保できるというわけである。

それ以外に重要な条件は次の通りである。

まず、日本は保健の分野では古くから実績がある。実績のない国がＵＨＣの旗を振ろうとしても、それは無理である。またＪＩＣＡにはこの分野を得意とする戸田隆夫（上級審議役）というパワーのある人がいる。人間開発部という組織があって、優秀な職員が揃っている。財務省もしっかりサポートしてくれている。理事長の私も、技術面の専門家ではないが、日本の近代史の専門家として、明治以来の日本の保健衛生政策の歴史について勉強したことはあるし、国連大使時代の人脈も大変役に立った。

このようなバックグラウンドがあってはじめて、ＵＨＣのような、世界でも重視されている分野の議論をリードできる。これが、ソフト・パワーというものである。ソフト・パワーはだまっていて存在しているものではない。口だけで出来るものでもない。このような努力によって作り出すものである。また、次への努力を怠れば、別の国にリーダーシップをとられるかもしれない。

その点でも重要なのは、母子健康手帳の普及である。母子手帳は日本発の制度で、母と子の健康を守るのに有効なものだ。現在、母子手帳を使っているのは世界で四〇カ国あまりであり、そのうち二五カ国はＪＩＣＡの支援でできたものである。母子手帳はＵＨＣの一部でもあるが、ＵＨＣと切り離して推進することもできる。ＵＨＣの推進をテコに母子手帳制度を進め、母子手帳の普及をテコにＵＨＣを進めることを、ＪＩＣＡでは考えている（先にあげた戸田上級審は、グテーレスとの会談に同席していたが、別れ際にさっと母子手帳を見せて抜け目なく売り込んでいた）。

18 国際会議におけるプレゼンス――ダボス会議で考えたこと

二〇一八年一月二四日から二泊三日で世界経済フォーラム年次総会（ダボス会議）に行ってきた。ダボスでは、経済の話が中心だが、政治問題も取り上げられる。私はＪＩＣＡの理事長になってから三年連続で招待され、参加している。一度目はダボスからバスで一五分くらいの隣村のホテルを用意してくれ、ダボス会議が運営するマイクロバスで会議場まで行った。といっても、夜遅くまで頻繁に走っていて、まったく不便は感じなかった。一七年はダボスの町の中のホテルを用意してくれた。今回は、さらにハイヤーを利用できるようになった。やはり繰り返し参加するものである。

会議は、コングレス・センターがメインで、その他、いくつかのホテルでも行われる。コングレス・センターは随分複雑な構造で、最初はとまどった。会議場には、招待された人しか入れない。参加者の多くは国際機関や政府や政府機関あるいは企業のトップで、普段は必ず秘書が付き添っている。しかし、会議の部屋には秘書は入れない。メインのコングレス・センターでは、建物にも入れず、外で待機することになる。ただ、閣僚で通訳が必要な場合だけ、通訳を同伴することができる。

IGWELという非公式な意見交換の場

今回は、途中、別の用務を済ませて、二四日の朝四時半にロンドンのホテルを出て、ダボスでは午後一時からの中東問題に関する「IGWEL」に参加するはずだった。これは「Informal Gathering of World Economic Leaders」の略語で、限られた人だけが参加し、非公式に自由な意見交換を行うもので、その存在もプログラムには掲載されない。大統領、首相、閣僚、国際機関のトップ、そしてＪＩＣＡのように政府機関の中でも大きなもののトップは招待されることがある。全部で三〇人くらいの参加者で、同伴者の制約はより厳しく、アフリカのフランス語圏の大統領が通訳を同伴した程度である。

ダボス市

二〇一六年に初めて参加したときの、ウクライナに関するIGWELが記憶に残っている。ウクライナのペトロ・ポロシェンコ大統領も参加していたセッションで、ロシア兵の行動の生々しい実態の報告があったところ、ヨーロッパから、それはウクライナだけの問題ではない、ヨーロッパ全体の問題だという発言が続いた。

私もすぐに発言して（当時は、司会者をはじめほとんどの人は私のことなど知らない）、これはヨーロッパだけの問題ではなく、世界にとっての問題だ、ウクライナは失礼ながら旧ソ連の領域内の問題だが、アジアでは伝統的な領土を超えて拡大している国がある、と言っておいた。その後、一七年のウクライナ訪問でも大統領に会えたし、今回もダボスですれ違ったら、やあ、という感じで挨拶をしてくれた。

ミャンマー問題で日本の立場を説明

さて、今回は中東問題のIGWELに出るつもりだったが、直前に連絡が入って、ミャンマー問題についての会合があるので、ぜひ発言者として出て欲しいと言われた。中東問題なら日本は一参加者にすぎないが、ミャンマーなら主要メンバーである。それで急遽予定を変更して、そこに出た。

全部で二〇人程度の小さな会合だったが、日本そしてＪＩＣＡがミャンマー問題をどう考え、どう取り組んでいるかを包括的に説明した。ヤンゴンの再開発がとにかく重要である、ヤンゴンから北のマンダレーに向かう鉄道の改築も重要で、これらに取り組んでいる。産業化のために、ティラワの経済特区に力を入れてきた。これは、住民と粘り強い話し合いをし、多くの人の支持を得て、実現できた。多くの企業が入って、多くの雇用を生み出している。それ以外に、地方の人々が、取り残されていると思わないように、地方や農業に対する支援も行っている。

さらにロヒンギャの問題にも触れ、まず重要なのは紛争を拡大させず、鎮静させることである、そのために日本はバングラデシュに逃れたロヒンギャの生活の支援をしている。他方でミャンマー政府にも、支援はしっかり続けるからと伝えながら、ロヒンギャ問題への柔軟な対応を要請していると述べておいた。

ロヒンギャの住むラカイン地域については、その安定のため、様々な支援を行っている。また、日本財団の支援で、イスラム教徒と仏教徒が一緒に学べる学校を現地で作っている、と紹介した。

さらに他との比較のため、南スーダンで部族和解のために行っている支援や、フィリピンのミンダナオでの和平支援についても、宣伝を兼ねて説明した。

この会合は、下手をすると欧米のNGO（非政府組織）を中心とする反ミャンマーグループから、ミャンマー政府に対するバッシングの場となる恐れがあったのだが、それは回避できて、日本とJICAの立場をよくわかってもらえたと思う。

資金は集め方も使い方も重要

それから、SDGs（持続可能な開発目標）のための資金不足にどう対応するか、というIGWELに出た。JICAは世界の援助機関の中で、世界銀行のような多国間組織を除けば最大のものだから、ここでは主要メンバーの一つである。ノルウェーのエルナ・ソルベルグ首相が司会して、世銀のジム・ヨン・キム総裁をはじめ、何人かが話す。だいたい、政府首脳、閣僚という順番であてられるか、あるいは手を挙げる。みな、どうして金を集めるかという話が、当然ながら多い。

私は、日本の状況を簡単に話した。ＯＤＡ（政府開発援助）はかつて世界一だったが、一六年連続で減り続けた。私が着任してから、僅かずつではあるが三年連続で増えている。もう一つのよいニュースは、SDGsについての理解が広がって、いろいろなシンポジウムが開かれ、参加者も多い、ということを話した。そしてＪＩＣＡの新しい取り組みとして、企業との連携、ソーシャルボンドの発行、ビル＆メリンダ・ゲイツ財団と組んでローン・コンバージョンという新しい手法で（前項二一三頁でふれた）、ナイジェリアとパキスタンでポリオの撲滅に成功している、という話をした。

Having said that と言って、資金集めのほうだけを論じるのはいかがなものだろうか、資金の使い方も重要だと思う、と続けた。ＪＩＣＡは実施のほうに力を入れている。たとえばお金を集めて学校を建て、先生を雇ったが、先生が教科書の中身をよく理解せず、そのまま学生に読んで聞かせるだけで、学生は当然よく理解できない、というところが少なくない。それでは意味がなく、先生の質を高めることが重要である。

ＪＩＣＡは青年海外協力隊を派遣しており、そのかなりの人員は先生をしている。その現場を何度も見て、先生の質の向上が重要だと痛感している、と述べた。効果的な資金の支出には、受け手の国の協力が不可欠である。資金の使い方に注目することによって、受け手の側の意識と能力の向上を目指している。

集め方においても、ＪＩＣＡは日本の中小企業の海外展開を支援することに力を入れている。日本の企業の九九％は中小企業で、その多くは地方にある。その中には革新的なアイディアを持つ企業が少なくない。それだけではない。中小企業の海外展開を支援することで、広く、途上国支援に参加する人を増やすことが目的である。大企業から大きな金額を集めるほうが効率的だが、参加者の裾野を広げるという点で、中小企業の海外展開支援は大きな意味があると考えている。

このように、ある意味では、全体のトーンに対して真っ向から異論を唱えた形だが、反感を招かないように、工夫して穏やかに言ったつもりである。出席者の中には盛んに頷いている人もいた。

各国の要人と会談

それから、キルギスのサパル・イサコフ首相と会い、支援の相談をした。JICAが支援をしているJDS（人材育成奨学計画）という留学生受入事業があるのだが、これで留学した人が二〇一六年、キルギスの司法大臣になった話から始める。なんと、首相の教え子だそうだ。それから、今後の支援の話をしたが、これは省略。

夜は日本からの参加者や日本に関係の深い人のパーティがあり、また別の会食があったが、これも省略。

翌日の二五日は、まず、水をめぐる会合に部分参加した。部屋に入ると、いくつかのテーブルに分かれていて、一種のワークショップである。いろいろな専門家が議論するのだが、セクター別の話が多い。私は、エチオピアならエチオピアという風に、国別にやったほうが効果的だと思うのだが、そういう発言をする前に退室せざるを得なかった。

その後、アルメニアのカレン・カラペチャン首相と面談。前年に訪問したときに会っているので、そのときのお礼をお互いにする。さらなる援助の要請があり、その一部はかなり可能性があるので、早速検討することを約束して別れる。

ついで、場所を変えて、イギリスのゴードン・ブラウン元首相とバイ面談。元首相は今、世界の教育のために資金を集める新しい仕組みであるIFFEd（The International Finance Facility for Education）設立のため、奔走している。元首相は、昨日のSDGsのファイナンスのためのIGWELであなたの発言を聞いた、とても評価していると言いつつ、なぜ資金集めが必要かを説明する。私はこれに対して、一見消極的なことを言うが、決して反対しているわけではない、日本は何事についても慎重に検討する、しかし決めたことは必ず実行する、だから最初に懸念を述べさせてほしいと前置きして、次のように述べた。

教育の重要性はよく理解しているつもりだ。日本の近代化の中で、まず力を入れたのは初等教育だった。それに私自身、学者であり大学の学長をしていた。教育の重要性を理解しないはずがない。

しかし昨日も述べたとおり、資金の使い方のほうをもう少し検討すべきではないか。まず、集めた資金をどのように分配するか、第二に、資金を有効に使いこなす能力のない国をどうするのかということである。それが明らかになれば、資金を拠出しやすいと思う。保健については、日本は同様の資金メカニズムに参加しているので、教育においてもできないことはない。配分方法や実施面での工夫を日本も一緒に検討したい、それからお返事したいと答えておいた。一応理解してもらえたと思う。

韓国への注文

一七時からは「朝鮮半島の安定化を目指して」というパネルディスカッションがあった。これは参加者だけの非公開セッションで、出席者は、韓国のカン・ギョンファ（康京和）外相、アメリカのアシュトン・カーター元国防長官、第三者からはスウェーデンのストックホルム国際平和研究所（SIPRI）、国際危機グループ（ICG）、英王立国際問題研究所（チャタム・ハウス）、中国の学者、韓国の学者など。日本からは首相の国家安全保障問題担当補佐官の薗浦《そのうら》健太郎前外務副大臣、それに在ジュネーブ国際機関日本政府代表部の伊原純一大使と私、という顔ぶれである。

カン・ギョンファ外相

韓国人参加者からは、朝鮮半島の非核化という目標にいささかの変化もないとしつつ、平昌オリンピックを前にした北朝鮮との会談について、以前は核の問題を取り上げただけで彼らは席を立ったが、今回はそういうことはなかった、一歩前進である、今後ともステップ・バイ・ステップでやっていくべきである、というような意見が多かった。

ちなみに、カン外相に対する評価は高い。英語はうまいし、合理的で、グレー・ヘアーが魅力的な女性である。私がかつて国連大使だったとき、彼女は韓国の国連代表部の公使だったが、通常は大使レベルが主催する会合をリードして、各国の外交官から評価されていた。たしか帰国子女で、テレビ局に勤め、ビル・クリントン大統領と金大中《キムデジュン》大統領（ともに当時）の会談の通訳を務めて話題になり、ジャーナリストから外交官に起用された。韓国の国連代表部のあと、ジュネーブの国連人権高等弁務官事務所（OHCHR）の副弁務官を務めた。二〇〇八年頃、ジュネーブに行く機会があったとき、二人で話し合ったことがある。二〇一七年一月、アントニオ・グテーレスが国連事務総長に選ばれたとき、その特別補佐官に抜擢された。ところが同年六月、韓国の文在寅《ムンジェイン》大統領に請われて、外務大臣に就任した。私も彼女の能力は評価している。

ともあれ、今回、韓国の参加者らから出された意見に対しては次のように釘をさしておいた。すなわち、いくつかの発言は wishful thinking（希望的観測）のように思われる。私は北朝鮮に対する最初の安保理決議が採択されたときの国連大使だったが、以後、状況はどんどん悪くなっている。北朝鮮が席を立たなかったのは、核戦力が完成に近づいているからである。北朝鮮が、これまで安保理決議を一切認めていないこと、韓国の延坪島《ヨンピョンド》に砲撃を加えたことがあったこと、経済制裁は戦争行為とみなすと宣言していたことを、忘れてはならない。

これまでの大きな失敗は二〇〇七年に金融制裁を緩和したことである。制裁は効果をあげていた。今も一定の効果は出ている。北朝鮮がオリンピックに参加するというのなら、参加させればいいが、それ以上の reward（褒美）を与えるべきではない。非核化に向けて現実の行動がない限り、こちらから歩み寄るべきではない。今は宥和の時期ではないと述べておいた。

日本の積極的な参加を

ダボス会議はヨーロッパが中心である。日本の視点はあまり反映されていない。だいたい、日本からの出席者は、企業を除けば少ない。一番残念なのは、国会の都合で閣僚の参加が少ないことだ。閣僚であるかどうかで、待遇は違う。中東問題に強い関心を持っている河野太郎外相が出席すれば、率直な発言で、インパクトがあっただろう。まして安倍晋三首相が参加すれば（二〇一四年には参加）、はるかに大きなインパクトがあっただろう。

今回の会議初日にはカナダのジャスティン・トルドー首相がTPP（環太平洋パートナーシップ協定）に対する参加を表明して、TPP11が可能となった。一七年一一月に、TPP11に参加しないと言って、大きなショックを与えたのがカナダだった。そのカナダが参加に転じて評価されるのは、ひどい話だ。安倍首相がいれば、安倍首相が主役だった。まして、ドナルド・トランプ米大統領がTPP復帰の可能性を示唆したことを考えれば、安倍首相の不参加は惜しかった。こういうところで日本政府首脳がしっかり発言することと、国内における国会日程の厳守と、どちらが国益上重要であるか、自明ではないだろうか。

19　一九五〇年の「世界」と「日本」——中曽根康弘の欧米旅行

今から七〇年近く前の一九五〇年。敗戦から五年、まだ復興も進まず、GHQの支配下にあって、海外旅行もほとんど不可能だったころ、世界を見て歩いた政治家がいた。中曽根康弘である(1)。ここでは、少し趣きを変え、一九五〇年の中曽根の見聞を手がかりに、世界と日本がこの七〇年間にどのように変化してきたかを、考えてみたい。とくに中曽根が外交と安保の問題をどのように考えたかを、注意して見ていきたい。

第二の「岩倉使節団」

中曽根は一九一八年生まれ。旧制静岡高等学校を経て一九四一年、東京帝国大学法学部政治学科を卒業し、四月、内務省に入った。しかし、在学中に海軍短期現役士官制度に応募して合格しており、内務省に入ってから二週間ほど勤務しただけで、すぐに海軍経理学校に入り、同年八月、卒業して海軍主計中尉となった。そして戦争を経験し、戦後は内務省に復帰したが、祖国の復興の前面に立ちたいと考え、一九四七年の戦後二回目の総選挙に立候補し、当選した。

中曽根にとって、海外視察は夢であった。その機会は議員になって三年、一九五〇年にやってきた。六月から八月まで、ＭＲＡ（道徳再武装）世界大会出席のため渡欧し、各国を視察している。ＭＲＡとは、スイス系アメリカ人の牧師、フランク・ブックマンが一九二一年ころから主導したもので、平和、和解、独立、反共などのために、道徳の再興を訴え、広く非政府の個人、団体を網羅して推進した運動であり、戦争直後の時期、とくに大きな影響力があった。スイスのコーに本部を持っていた(2)。

37歳の中曽根康弘

戦後、日本からは一九四九年に片山哲元首相が参加し、一九五〇年の一行は、戦後二度目であった。参加者は、ＭＲＡの日本人メンバーとして相馬雪香（尾崎行雄の娘）、国会議員から北村徳太郎、福田篤泰《とくやす》、中曽根康弘ら。地方首長は、赤間文三大阪府知事、岸田幸雄《さちお》兵庫県知事のほか、広島市長、神戸市長、長崎市長など。実業界からは石坂泰三東芝社長、大原総一郎倉敷レイヨン社長といった、錚々たる顔ぶれが参加している。
出発当日、吉田茂首相が一行のうち中曽根ら一〇名あまりを午餐会に招いてくれた。そのとき吉田は明治四年の岩倉使節団を例に引き、明治建国はここから始まったとして、一行を激励した。よく知られているとおり、岩倉使節団の副使の一人は大久保利通であり、また留学生として大久保の次男の牧野伸顕も一〇歳で参加していた。牧野は吉田の岳父であり、したがって大久保は義祖父にあたる。吉田にとって岩倉使節団は身近なものであった。

中曽根もまた第二の岩倉使節団に参加して、日本の復興の先頭に立つという意識を持っていた。惨憺たる敗戦からまだ五年、いかにして独立を回復し、復興するか。その手始めに世界を見ることは、彼らにとって切実な課題であった。

「朝鮮戦争」「金閣寺焼失」の衝撃

一行は、その後、財界主催の歓送会に出席し、六月一二日の深夜、羽田に到着した。そして一三日午前零時、フィリピン航空の特別機で羽田を発った。マニラ、カルカッタ、カラチ、リダ(イスラエル)、ローマを経由して、六月一四日、ジュネーブに到着した。羽田からは四二時間かかった。ジュネーブからはバスが用意されており、現地で先発隊と合流している。コーという村にあったMRAの本部には、意外にも日章旗が玄関に掲げられ、各国の人々が日本語で歓迎の歌を歌ってくれた。中曽根は涙が滲んだと回顧しているが、多くの人が同じ感慨を持ったであろう。そのころ、日の丸の掲揚は原則として禁止されていた。

MRA総会は六月一六日に始まった。中曽根は一七日にインタヴューを受け、「われわれの理想はスイスだが、現実はドイツだ」と述べ、それが一八日の新聞の見出しとなっていた。言うまでもなく、スイスは非武装ではなく、武装によって中立を維持してきた国である。中曽根は、一定の軍備を保持し、侵略せず侵略されず、自主独立を保ってきたスイスと、武装を禁じられ、アメリカの占領下にあって、その指示の下に行動せざるをえない日本を対比させていたのである。

六月二一日、中曽根は四九カ国、九〇〇人の世界代表の前で演説したところ、予想以上に強い感動を聴衆に与えた。とくにシベリアの抑留者の話になり、彼らを待ちわびる人々のことに触れたときには、同じ境遇にあるためか、多くのドイツ婦人がハンカチで目頭を拭っていたという。

六月二六日、床屋に行っているとき、友人が朝鮮戦争の勃発を知らせてくれた。すでに北朝鮮軍はソウルに迫っており、南進が続いていた。中曽根は日本には大きな衝撃が起こっているだろうと想像しつつ、「南鮮がやられたら日本は前大戦のダンケルクのときの英国になるだろう」と記者会見で語っている（三〇日）。イギリスがナチス・ドイツの侵略に対する抵抗の拠点となったように、日本は共産主義の膨張に対する拠点となると考えたのである。

六月二七日からはスイス国内旅行に出かける。二八日、ジュネーブで国際赤十字を訪ね、「引揚促進」を依頼している。また旧国際連盟に行き、松岡洋右が演説した部屋に入って「感無量」と記している。

七月一日から四日まではコーに滞在したが、三日には金閣寺が焼けたという報道にショックを受けている。そこに「欧州各国民が伝統を大切にしているのに、傷心の眼を東に向ける。最近の日本は残念だが植民地性を濃化している」と、その感想を記している。

印象深いアデナウアーとの出会い

七月六日には西ドイツに入り、ボンでコンラート・アデナウアー首相（一八七六～一九六七）と

アデナウアー

会った。アデナウアーは「ドイツは必ず統一する。日本国民の運命も苦しいが、ともに平和に向かって再建しよう」と述べた。そして中曽根の胸の「日の丸バッチ」を凝視して固く握手し、年齢を尋ねた。中曽根が三二歳だと言うと、「日本とドイツの再建は青年の力にかかります。お互いにしっかりやりましょう」と言って、立ち去った。

アデナウアーとの出会いは三〇分ほどだったが、強い印象を残したらしい。アデナウアーと吉田茂とは、ともに敗戦国を復興に導いたリーダーとして比較されることが少なくない。しかしアデナウアーは、はるかに厳しい状況でドイツ分断を受け入れ、そのかわりに西側と結ぶという選択をとった。正式の憲法は統一後に譲るとして、基本法を制定した。一九四九年五月、中曽根が会うわずか一年ほど前のことだった。

その際、民主主義を破壊する言論は認めないということで、ナチスと共産党をともに排撃した。また小党分立を防ぐため、得票率五％以下の政党は議席を得られないという五％条項を導入し、次の政権についての合意がある場合のみ、内閣不信任案を提出できる「建設的不信任」という制度を導入していた[3]。

すでに日本国憲法に強い関心を持っていた中曽根は、当然、西ドイツ基本法との違いに大きな関心を払ったであろう。

翌日、中曽根はエッセン近郊の炭鉱を視察している。前年に訪独した片山哲元首相も、切羽《きりは》（炭鉱内の採掘現場）に入ったという。ドイツは豊かな石炭を産出しながら、その四分の一は安値での輸出を義務付けられ（賠償の性格があった）、さらに連合国のために相当量を供出させられるので、自由に使えるものはその残りに過ぎず、全体としては輸入せざるをえない状況だった。

七月八日、一行はアウトバーンを走ってハンブルクに行った。この街もひどい破壊を受け、六万人が死亡し、市街地の八割が焼失していた。中曽根は昭和二一年春のころの東京のようだと記している。

冷戦の最前線で自主防衛を痛感

ただ、ドイツの生活が厳しかったのは、生産に重点的に資源を配分していたためでもあった。ハンブルクでは、市長招待の歓迎会があり、また、かつて日本に滞在していたドイツ人が朝食会を開いてくれた。そこには日の丸とドイツ国旗が壁に貼られており、ドイツ人たちは「日本のミカド」のために、と言って乾杯してくれた。中曽根はドイツ人の気概に感激した。そしてドイツ東亜協会の招待を受けたとき、中曽根は挨拶し、シベリアから帰還した日本人捕虜からの伝言として、シベリアのドイツ人捕虜は、敗れてもドイツ軍人の品位を傷つけなかったと伝えると、聴衆は総立ちとなって握手を求めたという。

翌九日、中曽根はハンブルクから東に向かい、リューベックを越えて、東西ドイツの境界を見に行っている。境界線は、たんに東西ドイツを分かつだけでなく、東西冷戦の最前線になってい

マックロイ

た。中曽根はヨーロッパにおける厳しい東西対立を目の当たりにした。自主防衛の必要を痛感するようになったのは、この旅行の見聞が大きいという(4)。

まもなく、中曽根は再びボンに戻り、アメリカの高等弁務官のジョン・マックロイ（一八九五～一九八九）に会っている。いわば西ドイツのマッカーサーだと中曽根は書いている。しかし大きな違いは、第一にドイツは共同占領であったが、日本は事実上アメリカの単独占領だったことである。しかもマックロイは、尊大なマッカーサーと違って気さくな人柄だった。かつて陸軍次官だったとき、周囲の反対を押し切って日本人二世部隊を作ったが、この四四二部隊こそアメリカでもっとも功労ある勲《いさお》のある部隊だと述べ、その血の通っている日本青年に期待していると、激励してくれたという(5)。

フランス、イギリス、そしてアメリカへ

一三日、パリに入った。革命記念日の前日だった。翌日は大統領に特別席に招かれた。パレードの戦車は、しかしアメリカ製だった。

特筆すべきは、外務省にロベール・シューマンを訪ねたことだった。シューマンもＭＲＡの有力メンバーであったが、彼が提唱したフランスと西ドイツによる石炭鉄鋼共同体の案が発表されたのは、五月のことだった。中曽根は強い関心を持った。

フランスでは、政権の不安定が問題だった。解放直後のドゴール暫定政権から、一三回も内閣が変わっていた。のちに中曽根は政治の安定の見地から、首相公選制を唱え始めるのだが、ドイツにおけるワイマールの記憶と、フランスの第四共和制の不安定が、その念頭にあった。

一六日、一行はロンドンに渡った。ロンドンでは戦前の駐日大使、ロバート・クレーギーと会っている。依然として親日家だった。また中曽根は労働党政権が五年におよび安定した政治を行っていることに感銘を受け、「欧州の社会主義勢力は極めて現実的、国民的であり日本の左派のように観念論をふりまわさない。この点日本社会党は未成育である」と記している。

七月二二日、一行は大西洋を越えてアメリカに向かった。途中、アイスランドで給油している。中曽根は「日本も民間旅客輸送機を持ちたいと思う」と記している。

一行はアイドルワイルド空港（今日のJ・F・ケネディ国際空港）についた。羽田の二〇倍の広さがあり、三キロ級滑走路が三本、その他、全部で一二本という大きさだった。一九四九年の時点で、アメリカの一人当たり国民所得は一四五三ドル、イギリスが七七三ドル、日本は一〇〇ドルという有様だった。当時、MRAの影響力は大きく、一六台の車をつらねてマンハッタンに入った。

七月二五日、一行は国連本部を訪れた。現在の本部はまだ完成しておらず、ロングアイランドに置かれていた。このころの国連は、国連の歴史の中でももっとも緊迫した時期であった。六月二五日の北朝鮮の韓国への侵攻に続き、二七日には安保理は北朝鮮が平和を侵したと認定して撤退を要求し、加盟国に韓国への支援を与えるよう求める決議八三を採択した。七月七日には、加盟国に武力を提供することを求め、合衆国にその指揮をとるよう求めた。八日、トルーマン大統領はマッカーサーを司令官に任命し、二五日、東京に司令部が置かれた。二六日、一六カ国が参加した最初で最後の国連軍ができた。そのころ、韓国の首都は釜山に移っており、九月にマッカーサーが仁川に上陸するまで、北朝鮮の優勢が続いていた。ノルウェー出身のトリグブ・リー（初代）事務総長は、その中で、中曽根の一行に会ってくれたのである。

午後四時、一行は安保理を傍聴し、オースチン米国国連大使がマッカーサーからの報告書を読み上げるのを聞いた。

日本の将来を語り合う

二六日、中曽根一行は日本レストランですき焼きを食べる。相客は、一九四九年にノーベル賞を受賞した湯川秀樹夫妻だった。当時、プリンストンの高等研究所とコロンビア大学に招かれていた湯川は、受賞以後、まだ日本に帰っていなかった。

二七日、一行はワシントンに向かった。

その少し前、五月末に、尾崎行雄が九一歳の高齢をおして、ワシントンに来ていた。かつて東京市長時代、桜を贈ったことはあまりに有名である。また長年の民主主義への不屈の貢献に敬意を表して、元駐日大使のジョセフ・グルーらが招いたものであった。

三〇日、一行の代表である北村徳太郎が、下院で演説する機会を与えられた。異例のことであった。

中曽根は、ロバート・タフト、トム・コナリーといった大物にも会っている。また、ワシントンでは、国務省極東課のロバート・フィアリーの自宅に泊めてもらった。中曽根は、フィアリー夫妻が交代で朝食を作ることに驚いている。フィアリーはグルーの個人秘書も務めた知日派で、中曽根とは同年でもあり、意気投合して日本の将来を語り合ったという。

八月一日、ワシントンを発った中曽根は、シカゴに行き、さらに四日、ロサンゼルスに到着した。ロスでは、群馬県人と会っている。収容所に入れられ、財産を失い、なおかつたくましく生活を再建している人々には感動した。その後、しばらくしてサンフランシスコに行き、おそらく一三日夜、同地を発った。ハワイ、ウエーキ島に着陸し、マニラをへて、東京に戻った。奇しくも八月一五日、敗戦から五年後の夜であった。

フィアリー

日本は進歩を遂げたのか

あらためて要約することもないだろう。中曽根は海外を回って、冷戦の厳しさを実感し、ドイツと復興を誓い、英仏の疲弊を痛感し、アメリカの力に圧倒された。

そして日本に対する評価が高く期待が大きいことを感じ、日本への誇りを再び掻き立てられた。

あわせて重要だったのは、アメリカの対日占領を相対化する視点を得たことであった。アデナウアーは吉田茂とは違っていた。マックロイはマッカーサーとは違っていた。フィアリーを通じて、グルーの視点にも触れた。国連外交の現実も一端をかいま見た。実際に大国がぶつかり合うところを目撃したのである。様々な意味で、この欧米旅行は中曽根外交の出発点を作り出したのである。

それから日本は復興し、豊かになった。対外関係では、一九五二年に独立を回復し、五〇年代に東南アジア諸国との関係を回復し、五六年にはソ連との国交も回復し、国連にも加盟した。六〇年に日米安保条約を改定し、六五年には韓国との関係も正常化した。七二年に沖縄返還を実現し、同年には中国との国交も正常化した。七五年にはＧ６（当時）サミットの一員となり、八九年には冷戦も終わった。

しかし、それ以後の歩みはどうだろうか。経済は長い停滞を続け、少子化が進み、巨大な政府債務が蓄積してしまった。

対外関係では、北朝鮮の核とミサイル、中国の膨張と尖閣問題それに南シナ海問題、韓国との感情的なもつれ、ロシアとの北方領土問題など、多くの問題が残っている。その背後にあるのは、当時から変わらない、安保と憲法に関する国論の分裂である。

一体、日本は進歩を遂げたのだろうか。大きな問題に優先順位をつけ、時には妥協して前に進むべきだったのではないだろうか。進歩しないうちに、いつしか国力の停滞が深刻化しているのではないだろうか。昭和の岩倉使節団が見たものをよく生かすことができたのだろうか。ためらうことなくイエスといえる人は、残念ながら、あまり多くないだろう。

（1）本稿が依拠した主な資料は、中曽根康弘事務所編『中曽根康弘代議士資料集二二　卓越した外交手腕の源泉　第一回～第五回にわたる外遊の軌跡』（一九八七年、国立国会図書館所蔵）、および志野靖史『1950年の世界一周』（ネコ・パブリッシング、二〇〇四年）、北岡「中曽根康弘憲法改正論の確立」（世界平和研究所編『国民憲法制定への道　中曽根康弘憲法論の軌跡』所収　文藝春秋企画出版部、二〇一七年）など。

（2）MRAは、絶対の正直、絶対の純潔、絶対の無私、絶対の愛、を唱えていた。中曽根は「絶対の」というのは政治家には無理であると考え、MRAから離れたと述べている（中曽根康弘『政治と人生　中曽根康弘回顧録』講談社、一九九二年、一三二頁）。

（3）吉田とアデナウアーを対比したものとして、大嶽秀夫『アデナウアーと吉田茂』（中央公論社、一九八六年）があり、日独の戦後の対比としては、大嶽秀夫『二つの戦後・ドイツと日本』（日本放送出版協会、一九九二年）がある。また、アデナウアーの思想や役割については、板橋拓己『アデナウアー　現代ドイツを創った政治家』（中央公論新社、二〇一四年）。

（4）中曽根康弘・宮澤喜一『対論　改憲・護憲』（朝日新聞社、一九九七年、三六頁）。また中曽根康弘『中曽根康弘が語る戦後日本外交』（新潮社、二〇一二年）七〇頁では、一九四八年六月のソ連によるベルリン封鎖が大きかったと述べているので、外遊前にすでにそういう意識は強かったと思われる。

（5）ただし、日米戦争勃発後、在米日本人の強制収容所への収容について、大きな役割を果たしたのもマックロイだった。

20　日本にあるフロンティア——隠岐・海士町で教わったこと

二〇一八年三月、島根県の隠岐諸島にある海士町《あま》を訪ねた。JICAは海士町といろいろ関係があって、今回、連携協定を締結することとした。JICAの連携協定は、普通は県や大学が相手で、小さな町との連携協定は中国地方の自治体では初めてのことである。

現地を視察しながら、私は一九九九年に小渕恵三首相によって設立された「21世紀日本の構想」懇談会（通称、小渕懇談会）のことを思い出していた。その報告書は、河合隼雄監修『日本のフロンティアは日本の中にある　自立と協治で築く新世紀』（講談社、二〇〇〇年）と題されていたが、今回の出張で感じたのはまさにそういうことだった。

隠岐諸島は、本州に近い方を島前《どうぜん》、遠い方は島後《どうご》と呼ぶ。島前には、知夫里島《ちぶり》、西ノ島、中ノ島という三つの島があり、それぞれ、知夫村、西ノ島町、海士町という一村二町が置かれている。島後には隠岐の島町が置かれている。

島前から本土（と島の人はいう）まで、高速船で約一時間、あるいはフェリーで二時間半かかる。

波が荒いときは、高速船は運航できない。もっと荒れると、どちらも運航できない。つまり、本土は通勤通学圏ではない。

隠岐諸島は古い歴史を持っている。古代には大陸との交通に重要な役割を果たしていたのだろう。しかし、のちに僻遠の地とみなされるようになり、小野篁《おののたかむら》が八三八年に、後鳥羽上皇が一二二一年に、そして後醍醐天皇が一三三二年に、流されている。小野篁はのちに許されて京都に戻ったが、後鳥羽上皇は中ノ島（海士町）で一八年を過ごし、亡くなった。後鳥羽院にとって、地の果てのようなところだっただろうが、和歌の名手だった後鳥羽院は、多くの和歌を詠み、「新古今和歌集」の改訂を続けた。

となりの西ノ島には、後醍醐天皇が流されている。しかし短期間で脱出し、京都に戻って、再び即位した。しかし足利尊氏らの勢力に敗れ、吉野に逃れ、南朝を開いた。吉野は私の出身地なので、ぜひこの島には行ってみたかった。

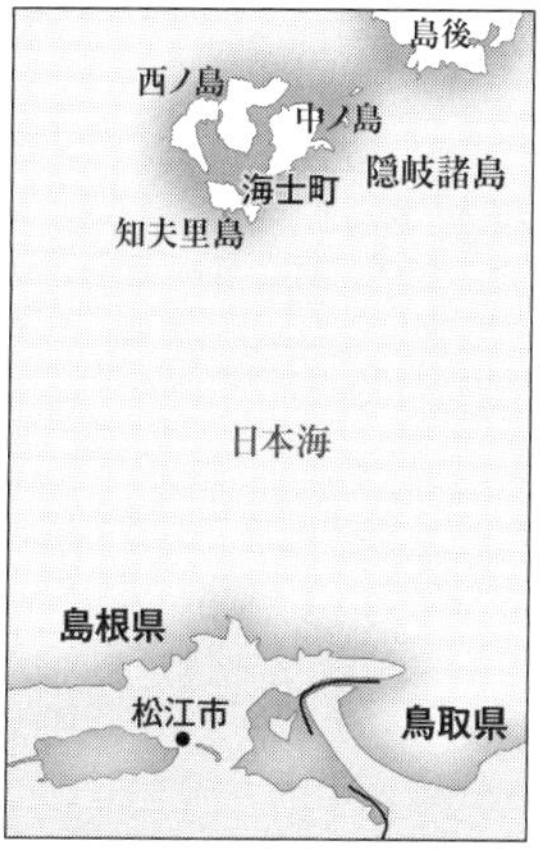

隠岐諸島

支出を切り詰め「攻勢」へ

海士町は地方行政や過疎を研究する人のあいだでは、過疎克服のモデルとして知られている。

海士町の人口は、一九五〇年には六九八六人だったが、以後、人口減少が続き、二〇一〇年には二三七四人となった。一九九七年頃、町役場の若手職員たちが、急激な人口減少に深刻な危機感を抱き、事態の打開策を模索し始めた。

ＮＴＴ退職後、海士町にもどり町会議員を二期務めた山内道雄氏が、二〇〇二年に町長選挙に出馬して、町会議員の支持一人の状態で当選し、これらの若手と連動するようになった。

その頃、平成の大合併と言われた市町村合併が進行中だった。中央や島根県からも、強く勧められていた。しかし海士町、西ノ島町、知夫村の三町村は、それぞれの独自性を維持したいとして、二〇〇三年、合併しないことに決めた。

その翌年、地方交付税交付金の大幅カットがあり、合併しなかった海士町は、さらに多くの交付金を失うことになった。いよいよ危機は深刻となった。

交付金が減ったときに、町役場では思い切った給与の切り下げを行った。町長が五〇％の給与切り下げを行うと、副町長らもこれに続いて四〇％の切り下げを行い、さらに一般職員も続いて平均二二％の切り下げを行った。おかげでラスパイレス指数は全国最低（当時）となった。そこまで役場が本気でやるならということで、町民が様々な手当を辞退するようになった。

こうして最小限度の前提である支出の切り詰めはできた。しかし、「守り」だけでは事態は打開できない。「攻め」が必要だ。海士町は、島で働く意欲と能力のある人を全国で求めることにした。Ｕターンやターンというのは、よくある。しかし海士町のモットーは、Ｉターンである。つまり、よそ者、若者の視点や発想を活かそうということである。

そして島にあるものを磨き、全国にアピールし始めた。島独自のさざえカレー、いわがき、隠岐牛。さらに、全国の他の離島と協力して、東京の神楽坂や札幌などに「離島キッチン」を作り、大ヒットさせている。

危機を乗り越えた「高校」

人口減少の中でも、最大の危機は高校であった。

海士町にある隠岐島前高校は、島前唯一の高校だった。しかし人口減少のため、クラスは各学年一つで、ずっとクラス替えもない。部活も減り選択肢がなくなった。県立高校なので、島根県教育委員会の管轄だが、先生は島前高校勤務を命じられると、士気も下がり、早く本土に戻ることばかり考えるようになる。進路も就職か専門学校がほとんどで、大学への進学はごく一部だった。

したがって、大学進学を目指すような中学生は、本土、たとえば松江の高校に行くようになる。それは、家計にとっても負担である。そうすると、家族ごと松江に移住するようになる。人口減少は加速する。これ以上入学者が減ると、高校は維持できなくなる。そうすると、さらに急激に人口流出が進むだろう。こうした厳しい状況が目の前に迫っていた。

こうして、高校への入学者を増やすことがまず必要だと、海士町は考えるようになった。そして、全国に入学をアピールするようになった。島に留学しませんかと呼びかけた。当初は応じる人はゼロだった。

また、島で教えてくれる人はいないかと、全国で募集したところ、島内外で応募する人が出て来た。

公立塾・隠岐國学習センター

彼らの力を借りてユニークな授業を始め、また生徒の学力を上げるために、島前三町村が協力して公立の塾、隠岐國学習センターを作った。それも詰め込み式ではなく、極めて新しい学びの可能性が広がるような塾だった。建物は古い民家を利用した、かつモダンなものである。専属スタッフとともに、時には地域の人も先生となり、子供たちはいつでも勉強にいける。大学進学よりも、そのあとにどういう人になって、社会に、そして郷里に貢献できるかを考えさせた。

また、何か誇れるものを作ろうと、二〇〇九年、高校生が考え出した地域観光プランを競う「観光甲子園」に出場した。黙っていても多くの人がやってくるような名所があるわけではない。何が売りなのか、徹底的に議論して、人と人のつながり、ふれあいの温かさを打ち出し、ツナガリをテーマとして訴え、「観光甲子園」で優勝した。それは普段目立たない高校生が、取り組み、実現したものだった。これは素晴らしい励みになった。

島留学の訴えに応え、全国から意欲のある留学生が来るようになった。さらには外国からも留学生がやってくるようになった。

そこで大きな役割を果たしたのが、青年海外協力隊のＯＢＯＧだった。彼らは元来、途上国の発展に貢献するため、僻地に入り込み、二年を過ごした人たちである。自分たちの経験を活かせるところがここにあるというので、多くの協力隊OBOGたちがやってきた。彼らの縁で、彼らがかつて働いたブータンやその他の途上国の若者がやってくるようになった。海士町はずいぶん国際的な町になったのである。

かつて人口減少化が進んでいた海士町で、二〇一〇年以後、人口はほぼ横ばいである。これはすごいことである。

「ないものはない」けれど

海士町の町役場の職員の方にお会いすると、その名刺には、「ないものはない」と書いてある。これは、「ないものは、ない！　仕方がないじゃないか！」という意味と、「ないものはない、なんでもある」という二つの意味が込められている。現在、明らかに後者の意味となっている。

海士町のスローガンは、自立、挑戦、交流である。自立は、地方自治体にありがちな中央依存ではなく、自立しようということである。挑戦は、慣例にしたがって仕事をするのではなく、あたらしい思考で取り組もうということであり、交流は、他者との連携の中で知恵を出そうということである。

これはJICAの方針とよく似ている。JICAは二〇一七年、新しいミッション、「信頼で世界をつなぐ」を採用し、その具体的な行動方針（アクション）として、使命感、現場、大局観、共創（ともに学び合う）、革新をあげている。

海士町では、会合を締めるとき、『故郷《ふるさと》』を歌う。そのとき歌う『故郷』の歌詞は、「志を果たして、いつの日にか帰らん」ではなく、「志を果たしに、いつの日にか帰らん」だという。

私は自分の郷里を思い浮かべつつ、反省した。吉野町は、大阪から一時間あまりで通勤通学圏である。また、黙っていても、吉野の桜と南朝の史跡を訪れる人がいる。一見したところ、はるかに恵まれない条件の海士町が、それを逆手にとって成功している。吉野町は、そうなっていない。私なども、「志を果たして」型だったのだろう。

海士町の取り組みは海士町だけのことではない。日本にとってもヒントとなるところがあるのではないだろうか。もちろん、日本は世界の大国であり、多くの優れた条件を持っている。しかし、もっとその魅力を探りあて、世界にアピールすることができるのではないだろうか。アメリカや中国を恐れることはない。青年海外協力隊や、ＪＩＣＡ職員の諸君は、外で途上国のために働いたのち、日本のために働く人が少なくない。海士町では、人材をブーメランのように、強く遠くに投げれば、戻ってくるという。ＪＩＣＡの諸君も協力隊員の諸君も、遠くで思いっきり活動し、そして日本のために貢献する。そういう姿を見せてくれている。「自立」「挑戦」「交流」。いいことを教わった出張だった。

おわりに——東西文明の架け橋として

本書の冒頭で、日本外交の行き詰まりについて書いた。その克服は簡単なことではない。何よりも外交の基礎は軍事力と経済力である。少子化克服、累積債務の削減を含む経済の再活性化が第一であり、軍事力の強化が第二である。この場合、他国にこちらの意思を押し付けるための軍事力ではもちろんない。他国から不当な意思を押し付けられないための力ということである。

そして外交力の強化である。経済と軍事が重要にしても、その強化には時間がかかる。その間、外交は毎日の仕事である。あと回しにするわけにはいかない。

日本外交の弱点を考える手がかりとして、国連について考えてみよう。これまた世界地図の一つである。

国連には日本人職員が少ない。理由は簡単で、語学能力が低く、学歴が低く、職歴が低いからである。

グテーレス事務総長の外国語能力については、文中で触れたが、英仏両国語で自由に議論できる日本人がどれほどいるだろうか。英語だけでも、ネイティヴの英語の達人と議論するのだから、容易なことではない。

学歴では、国連職員は、修士号は当然で、博士号を持つ人も多い。職歴でいうと、事務総長のグテーレスはポルトガルの首相を長く務めた人である。事務次長でも、首相、閣僚経験者は大勢いる。

職員の中の日本人の割合は、以前よりも減っている。それは、かつて日本人は希少価値があったので、やや優遇されることがあった。今や、優遇の対象はアフリカなどの途上国である。

次に国連についての経験、知識について見てみよう。

国連でもっとも重要な場である安全保障理事会に、日本は非常任理事国としては最多の一一回選ばれている。仮に六年の間に二年としよう。かなり多いが、常任理事国は常時いるのだから、安保理を経験した外交官は日本の三倍いることになる。

常任理事国以外の大国として、ドイツを見てみよう。ドイツはフランスとの密接な関係を持ち、EUの一員として、常に情報が入り、パートナーがいる。しかも国民の理解を得られるように、国連のホームページ（よくできていて、情報の宝庫である）のドイツ語版を、オーストリアとスイスと費用を分担して作っている。それにドイツ人は、日本人より明らかに英語はうまい。

小国も馬鹿にできない。小国にとって国連は一九三分の一の発言権を持てる場である。したがって、選り抜きの外交官を選び、長期滞在させる国が少なくない。彼らは次第に国連の顔になっていく。

安保理に入ったとき、重要なのは、国連大使（常駐代表という）が自国の首相や大統領と直接連絡がとれることだと言われている。そんなことは日本では考えられない。外務大臣と連絡をとることも滅多にない。せいぜい次官、普通は担当の局長が、連絡の相手である。

しかし、実は日本外交はそれなりによくやっている。それは組織力の成果である。情報を集め（特別の情報源には乏しいが）、分析し、検討し、対応する能力は相当のものである。日本のいうことには間違いがないという評価は高く、信頼は厚い。

その証拠に、日本は国際的な選挙で非常に強い。最近では、国際司法裁判所の判事、世界税関機構と世界保健機関西太平洋地域の代表、それに二〇二五年万博の大阪開催など、連戦連勝である。これなど、選挙運動もしているが、それほどお金があるわけでもない。基本にあるのは、日本に対する信頼である。

とはいえ、足りないのは仲間である。会議において、何か発言したとき、すぐさま支持してくれる仲間がいないと、下手をすると議題に取り上げてもらうことすらできない。そして日本には、ヨーロッパにおけるEUのような仲間がいない。

この点、二〇〇五年の安保理改革運動は画期的だった。共同提案国三二国が、毎週集まって議論をしていた。その中で、一体感が生まれ、仲間意識が生まれていた。ある会議で日本が何か提案すると、すぐにインドが支持する、インドが提案すると、すぐ日本が支持する、というような関係が生まれていた。こうした仲間を作るためだけにでも、安保理改革運動は続けるべきだと思う。

ところで、仲間ができるためには、共通の原則が必要だ。安保理改革運動においては、一九四五年の現実を反映した安保理はおかしい、その頃はアジア、アフリカの加盟国は少なく、日本もドイツも排除されていた、二一世紀の現実を反映したものにすべきだ、というのがわれわれの主張だった。

そして、アメリカが正しい時はこれを支え、間違っている時にはこれを諫めるため、安保理には力のある民主主義国が必要であり、それは日本とドイツと、未来の民主主義大国のインドとブラジルだというのが、およそのコンセンサスだった。

言い換えれば、新しい民主主義的な国際協調体制というのが、安保理改革の理念だった。この理念は今後も変える必要はないと思う。

そして日本の場合、非西洋から近代化してきた歴史と、西洋とは異なる途上国へのアプローチが、世界の信頼を集めていることを、本書の中から読み取っていただけると思う。

明治以来、多くの日本の知識人や政治家が、日本は東西文明の架け橋になるべきだ、と主張してきた。一九五六年に日本が国連に加盟を許された時、重光葵《まもる》外務大臣も国連総会の演説でそういうことを述べている。

現在、ほとんど無意識のうちに、日本はそういう方向に進んでいる。世界の途上国との交際の中に、読者はそれを読み取ってくださったと思う。

非西洋から発展した歴史を基礎に、民主主義的な国際協調体制を、それぞれの国の事情に応じて支援していくこと、これが日本の理念に他ならない。それを自覚し、言語化し、発信し、かつ戦略的に行動すること、これが今後の日本外交の大方針ではないだろうか。

初出

本書は、フォーサイト（新潮社）連載「日本人のフロンティア」および朝雲（朝雲新聞社）連載「春夏秋冬」に一部修正を加え、再構成したものである。

序章（フォーサイト　二〇一九年一月一八日）
第一章
1（フォーサイト　二〇一七年七月一二日）
2（フォーサイト　二〇一七年八月九日）
コラム1（朝雲　二〇一四年一〇月二日）
3（フォーサイト　二〇一八年六月七日）
コラム2（朝雲　二〇一五年二月二六日）
4（フォーサイト　二〇一七年一〇月一〇日）
第二章
5（フォーサイト　二〇一七年一二月一一日）
コラム3（朝雲　二〇一四年一〇月三〇日）
6（フォーサイト　二〇一八年三月九日）
7（フォーサイト　二〇一八年四月四日）
8（フォーサイト　二〇一八年一〇月九日）
第三章
9（フォーサイト　二〇一七年四月一三日）
10（フォーサイト　二〇一八年一二月七日）
第四章
11（フォーサイト　二〇一七年五月一八日）
12（フォーサイト　二〇一八年七月二日）
第五章
13（フォーサイト　二〇一七年六月一三日）
14（フォーサイト　二〇一八年一一月六日）
コラム4（朝雲　二〇一四年五月八日）
15（フォーサイト　二〇一七年九月八日）
16（フォーサイト　二〇一八年八月六日）
終章
17（フォーサイト　二〇一八年一月五日）
18（フォーサイト　二〇一八年二月六日）
19（フォーサイト　二〇一七年一一月八日）
20（フォーサイト　二〇一八年五月二日）

新潮選書

図版提供

33・43・45・55・57・61・95・101・103・109・117・119・121・129・131・137・140・155・167・169・179・189・191・199・201・211・213・219・244頁：JICA、225頁：EPA＝時事、229頁：時事通信

その他はパブリック・ドメインのものを使用した。

地図はすべてジェイ・マップが制作した。

世《せ》界《かい》地《ち》図《ず》を読《よ》み直《なお》す　協力《きょうりょく》と均衡《きんこう》の地政学《ちせいがく》

著　者………………北岡伸一《きたおかしんいち》

発　行………………2019年5月20日
8　刷………………2022年6月10日

発行者………………佐藤隆信
発行所………………株式会社新潮社
〒162-8711 東京都新宿区矢来町71
電話　編集部 03-3266-5611
読者係 03-3266-5111
https://www.shinchosha.co.jp
印刷所………………株式会社三秀舎
製本所………………株式会社大進堂

乱丁・落丁本は、ご面倒ですが小社読者係宛お送り下さい。送料小社負担にてお取替えいたします。価格はカバーに表示してあります。

ISBN978-4-10-603840-2 C0331

戦後史の解放Ⅰ
歴史認識とは何か
日露戦争からアジア太平洋戦争まで
細谷雄一

なぜ今も昔も日本の「正義」は世界で通用しないのか——世界史と日本史を融合させた視点から、日本と国際社会の「ずれ」の根源に迫る歴史シリーズ第一弾。

《新潮選書》

戦後史の解放Ⅱ
自主独立とは何か 前編
敗戦から日本国憲法制定まで
細谷雄一

なぜGHQが憲法草案を書いたのか。「国のかたち」を守ろうとしたのは誰か。世界史と日本史を融合させた視点から、戦後史を書き換えるシリーズ第二弾。

《新潮選書》

戦後史の解放Ⅱ
自主独立とは何か 後編
冷戦開始から講和条約まで
細谷雄一

単独講和と日米安保——左右対立が深まる中、戦後日本の針路はいかに決められたのか。国内政治と国際情勢の両面から、日本の自主独立の意味を問い直す。
《新潮選書》

中東 危機の震源を読む
池内恵

イスラームと西洋近代の衝突は避けられるか。「中東問題」の深層を構造的に解き明かし、イスラーム世界と中東政治の行方を見通すための必読書。

《新潮選書》

【中東大混迷を解く】
サイクス=ピコ協定 百年の呪縛
池内恵

一世紀前、英・仏がひそかに協定を結び砂漠に無理やり引いた国境線が、中東の大混乱を招いたと言う。だが、その理解には大きな間違いが含まれている！

《新潮選書》

【中東大混迷を解く】
シーア派とスンニ派
池内恵

いつからか中東は、イスラーム2大宗派の対立構図で語られるようになった。その対立が全ての問題の根源なのか。歴史と現実から導き出す、より深い考察。

《新潮選書》